LAS AVENTURAS DE

OLMECO BEUYS

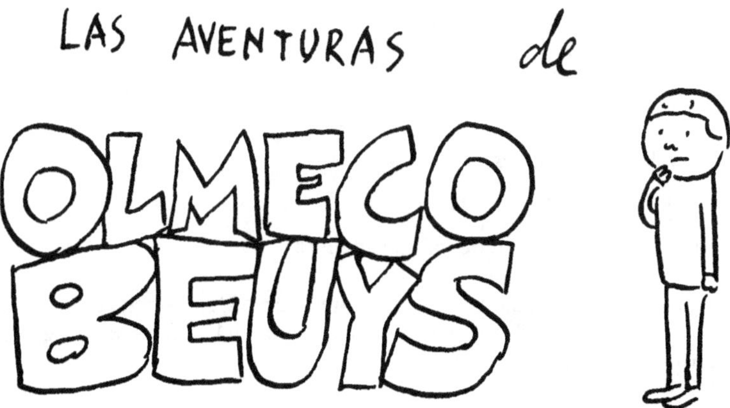

PABLO HELGUERA

JORGE PINTO BOOKS INC.
NEW YORK

Las Aventuras de Olmeco Beuys

Por Pablo Helguera

Published by Jorge Pinto Books Inc., website: www.pintobooks.com

Texto de introduccion *¿Destino manifiesto en las artes? PABLO ARTONERO* de Felipe Ehrenberg ©

Producción: Charles King, website: www.ckmm.com

Diseño e ilustración de la portada: © Pablo Helguera

ISBN: 1-934978-31-0
978-1-934978-31-3

¿Destino manifiesto en las artes?
PABLO ARTONERO

Felipe Ehrenberg

Estaba el cabo en medio del matorral y mal herido,
con las tripas colgándole de la panza
por un bayonetazo enemigo,
cuando llega el sargento:
-¡¡Por Dios, cabo, que feo le dieron...!! ¿Le duele?
-Arghh, mi sargento.... sólo cuando me gana la risa...

NOTICIA:
Censura Gobernación a JIS y Trino por decir
"inche", "mamón" y "puñeta" en la radio.
Diciembre, 2009

El origen de las palabras 'arte' y 'artilleria' es uno mismo.

1.
México se puede ufanar de tres grandes artistas de apellido Helguera. Tenemos al genial y venerado pintor Jesús (1910-1971), cuya amplia obra conocemos casi toditos los mexicanos a través de reproducciones en calendarios y cajas de fósforos. Tenemos a Antonio, mordaz y elegantísimo cartonero sin cuya certera visión la vida política de México sería otra peor. Tenemos también al artista multidisciplinario Pablo Helguera, que nació el mismo año en que murió don Jesús y cuya obra conocemos muy bien millones de cibernautas. Es de hecho, nuestro primer *artonero*.

2.
El principal mérito de don Jesús, además de su buen talante y sus innegables dotes como pintor, fue que logró como nadie darle sustancia a todos los mitos que sostenían a la sociedad mexicana, homogenizando a la ciudadanía dentro de cánones cuidadosamente elaborados a la medida por los ideólogos del Partido Revolucionario Institucional. Por su parte, Pablo H. es un artista inteligente que destaca entre artistas inteligentes. Viajero y versátil, piensa, teoriza, escribe (y publica), crea obra de sustancia y alto calibre. Y es, lo repito, *artonero*.

3.
Hace un millón de años hubo en el territorio que hoy conocemos como Nafta Sur, un país llamado México. Eran tiempos de la Guerra Fría, López Mateos, el Gran Tlatoahni, en breve le pasaría la estafeta a Díaz Ordaz y las etnias de la gran nación vivían lo que los arqueólogos y antropólogos –y seguramente uno que otro sociólogo- hoy denominan "Los '60s". En el brillante pero reducido mundo cultural de aquella civilización surgieron una serie de monopolios culturales intelecto-delictuosos, compuestos por poetas, escritores, periodistas y editores. El vulgo, que en aquel entonces no se hacía llamar "chilango", nombró al principal de estos, "La Mafia", pues alcanzó a incluir a pintores y a uno que otro escultor. Todo indica que este tipo de fenómeno sociocultural también se dio en la mayoría de las capitales iberoamericanas, cuyas cultósferas –no hay que olvidarlo- eran el blanco de la vocación hegemónica de la OEA. Para ahorrarnos espacio (y tiempo) recomiendo leer la grandilocuente aunque graciosamente acertada descripción de cómo funcionaban dichos monopolios, publicada en 1975 por el poeta y escritor mexicano Enrique González Rojo.

4.
De la época de Jesús Helguera a la época de Pablo Helguera (pasando por la de Antonio Cartonero), el mundo ciertamente ha cambiado. Tanto así que si traigo a colación el texto de González Rojo es solo para demostrar cómo el mentado "destino manifiesto" que hoy domina el mundo internacional del arte y que impacta en el mundo del arte mexicano consiguió desplazar los cazicazgos autóctonos ('grupúsculos elitistas' los llamó el poeta) para sustituir sus provincianas costumbres por otras, estas sí globales y globalizantes. La única semejanza que tienen entre sí las locales y las globales lo sintetiza el poeta diciendo: *"Es necesario indicar... que toda mafia tiene como finalidad crearse un público. No sólo en el sentido de organizarse una demanda, sino en el de rodearse, por así decirlo, de la admiración, envidia, respeto del mayor número de lectores. Una mafia cumple su objetivo cuando hay un número grande de personas que "sueñan" con pertenecer al "grupo selecto" y estar "en el candelero"*.

5.
El mayor mérito de Pablo Helguera es que, mientras el poeta requirió 1,900 palabras para describir la situación local, Pablo El Artonero resume lo *glocal* en una serie de tiritas cómicas que son ácido ascórbico en su estado más puro.

6.
¿Se necesita decir más?

São Paulo, Brasil, 15 de abril del 2010

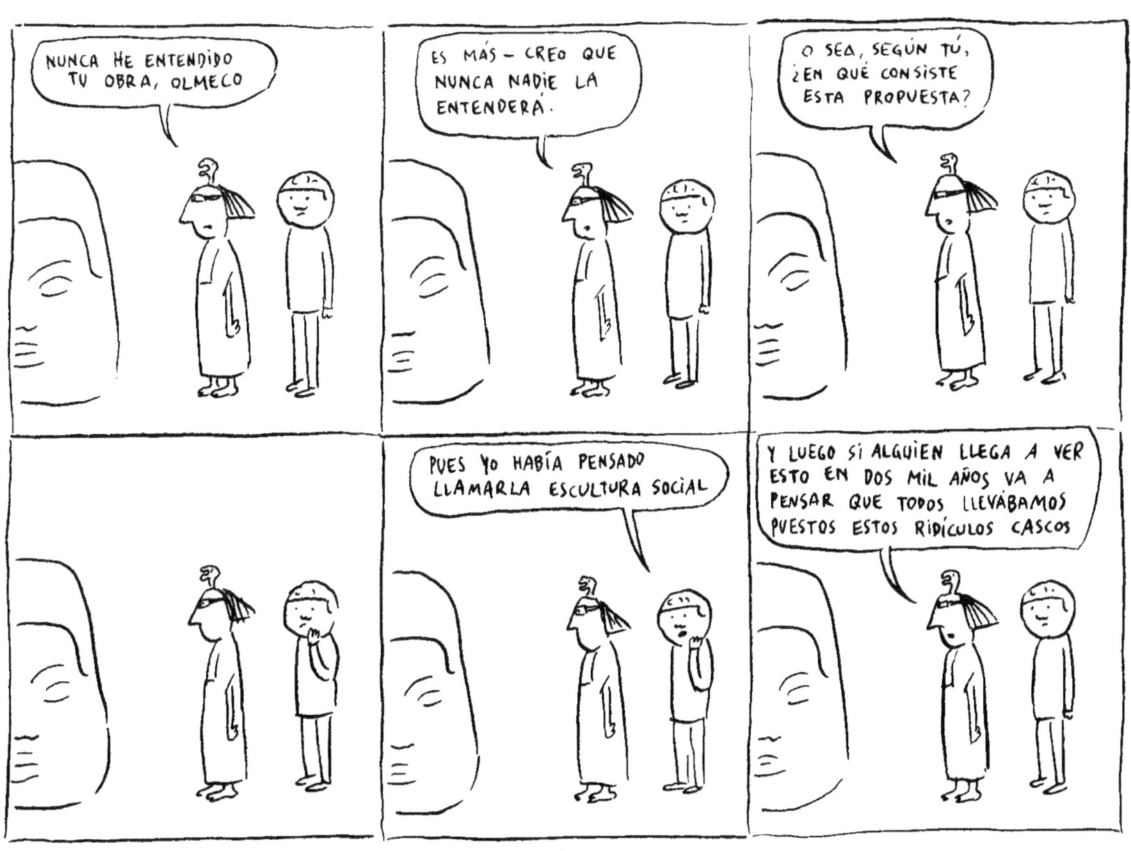
NUNCA HE ENTENDIDO TU OBRA, OLMECO
ES MÁS – CREO QUE NUNCA NADIE LA ENTENDERÁ.
O SEA, SEGÚN TÚ, ¿EN QUÉ CONSISTE ESTA PROPUESTA?
PUES YO HABÍA PENSADO LLAMARLA ESCULTURA SOCIAL
Y LUEGO SI ALGUIEN LLEGA A VER ESTO EN DOS MIL AÑOS VA A PENSAR QUE TODOS LLEVÁBAMOS PUESTOS ESTOS RIDÍCULOS CASCOS

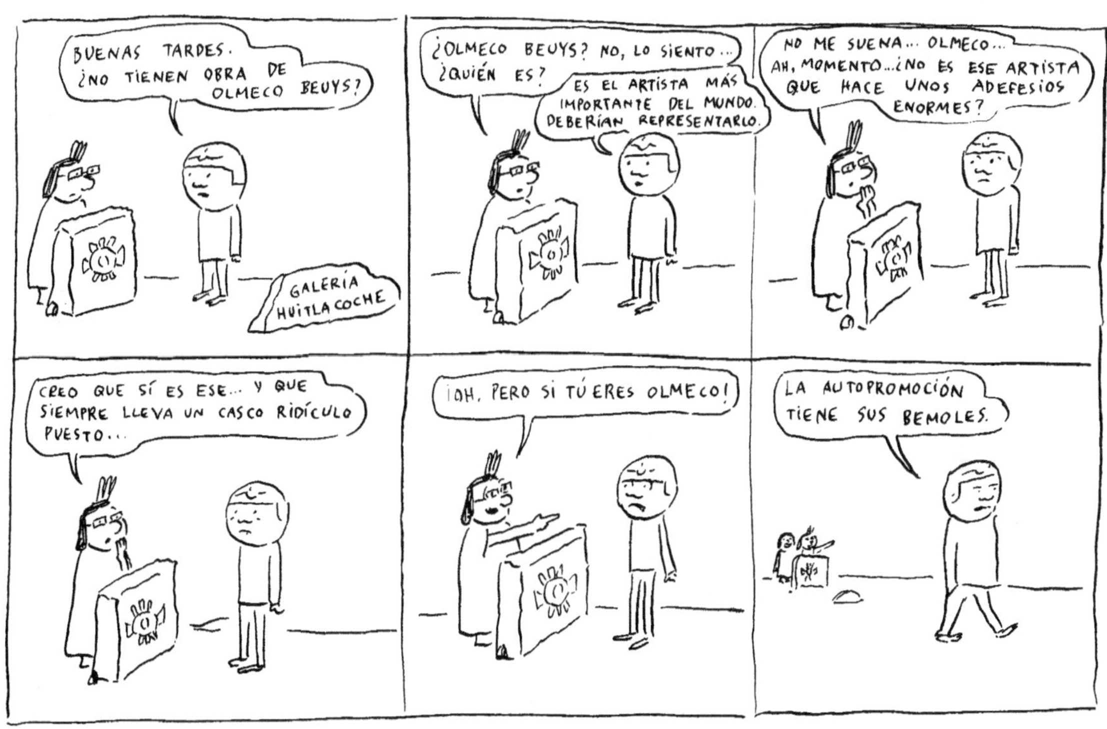
BUENAS TARDES. ¿NO TIENEN OBRA DE OLMECO BEUYS?
GALERÍA HUITLACOCHE
¿OLMECO BEUYS? NO, LO SIENTO... ¿QUIÉN ES?
ES EL ARTISTA MÁS IMPORTANTE DEL MUNDO. DEBERÍAN REPRESENTARLO.
NO ME SUENA... OLMECO... AH, MOMENTO... ¿NO ES ESE ARTISTA QUE HACE UNOS ADEFESIOS ENORMES?
CREO QUE SÍ ES ESE... Y QUE SIEMPRE LLEVA UN CASCO RIDÍCULO PUESTO...
¡OH, PERO SI TÚ ERES OLMECO!
LA AUTOPROMOCIÓN TIENE SUS BEMOLES.

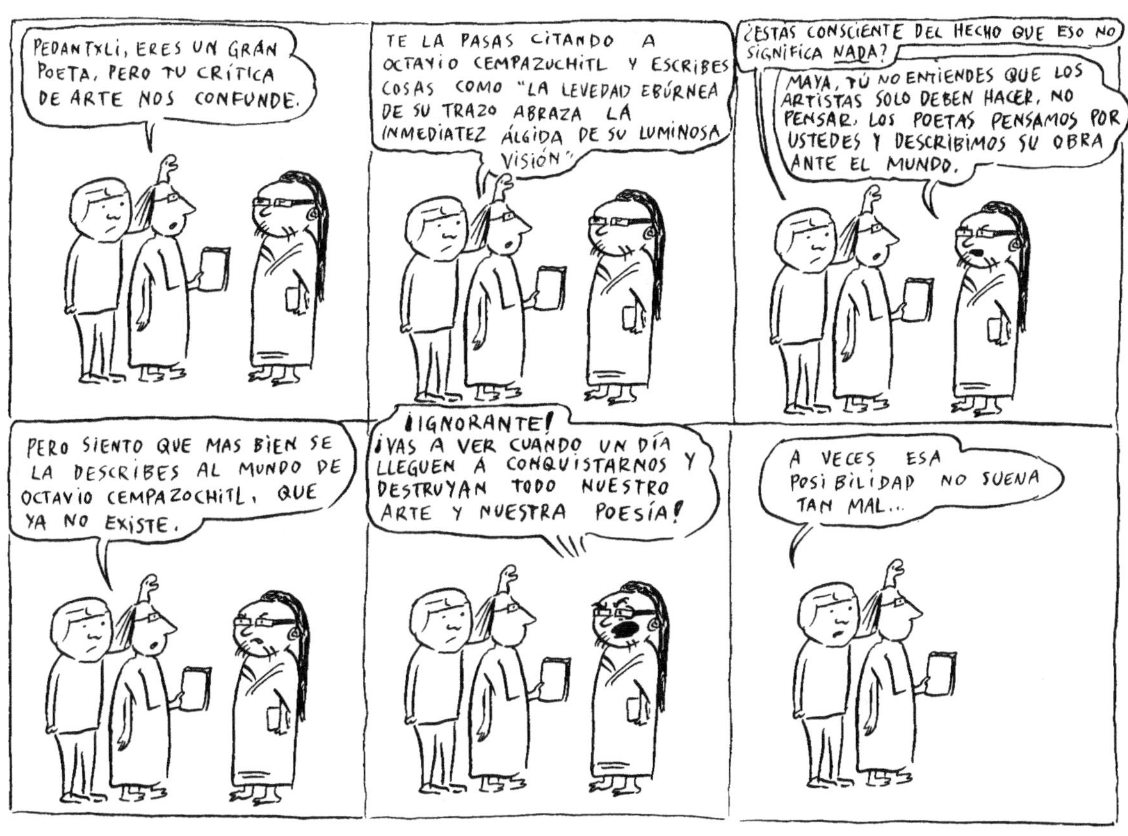
PEDANTXLI, ERES UN GRAN POETA, PERO TU CRÍTICA DE ARTE NOS CONFUNDE.
TE LA PASAS CITANDO A OCTAVIO CEMPAZUCHITL Y ESCRIBES COSAS COMO "LA LEVEDAD EBÚRNEA DE SU TRAZO ABRAZA LA INMEDIATEZ ÁLGIDA DE SU LUMINOSA VISIÓN".
¿ESTÁS CONSCIENTE DEL HECHO QUE ESO NO SIGNIFICA NADA?
MAYA, TÚ NO ENTIENDES QUE LOS ARTISTAS SOLO DEBEN HACER, NO PENSAR. LOS POETAS PENSAMOS POR USTEDES Y DESCRIBIMOS SU OBRA ANTE EL MUNDO.
PERO SIENTO QUE MAS BIEN SE LA DESCRIBES AL MUNDO DE OCTAVIO CEMPAZOCHITL, QUE YA NO EXISTE.
¡IGNORANTE!
¡VAS A VER CUANDO UN DÍA LLEGUEN A CONQUISTARNOS Y DESTRUYAN TODO NUESTRO ARTE Y NUESTRA POESÍA!
A VECES ESA POSIBILIDAD NO SUENA TAN MAL...

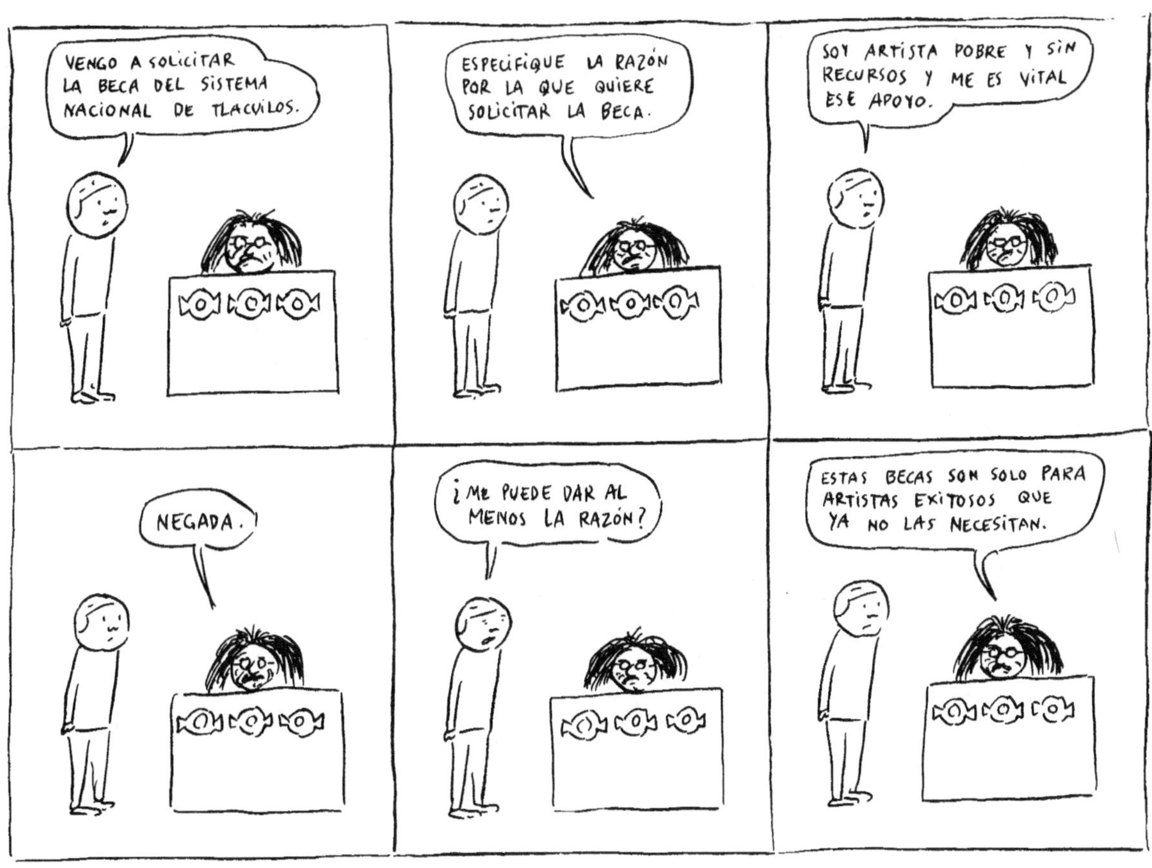
VENGO A SOLICITAR LA BECA DEL SISTEMA NACIONAL DE TLACUILOS.
ESPECIFIQUE LA RAZÓN POR LA QUE QUIERE SOLICITAR LA BECA.
SOY ARTISTA POBRE Y SIN RECURSOS Y ME ES VITAL ESE APOYO.
NEGADA.
¿ME PUEDE DAR AL MENOS LA RAZÓN?
ESTAS BECAS SON SOLO PARA ARTISTAS EXITOSOS QUE YA NO LAS NECESITAN.

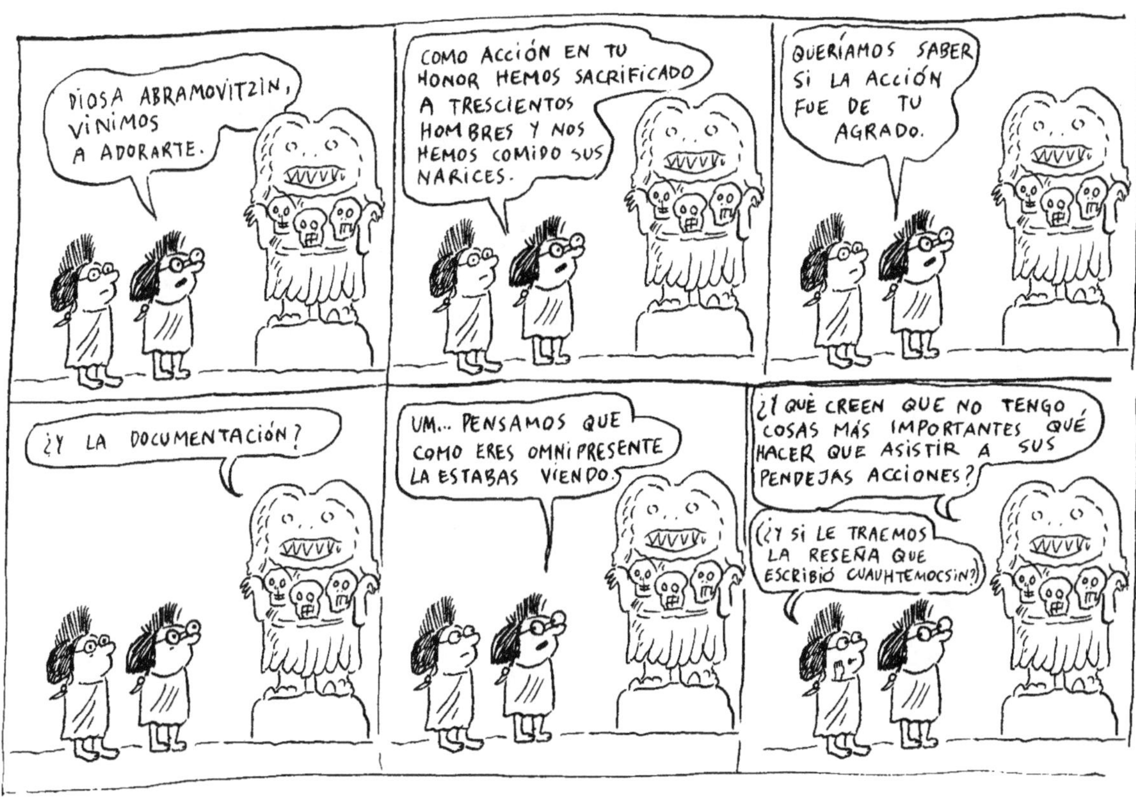
DIOSA ABRAMOVITZIN, VINIMOS A ADORARTE.
COMO ACCIÓN EN TU HONOR HEMOS SACRIFICADO A TRESCIENTOS HOMBRES Y NOS HEMOS COMIDO SUS NARICES.
QUERÍAMOS SABER SI LA ACCIÓN FUE DE TU AGRADO.
¿Y LA DOCUMENTACIÓN?
UM... PENSAMOS QUE COMO ERES OMNIPRESENTE LA ESTABAS VIENDO.
¿Y QUÉ CREEN QUE NO TENGO COSAS MÁS IMPORTANTES QUÉ HACER QUE ASISTIR A SUS PENDEJAS ACCIONES?
¿Y SI LE TRAEMOS LA RESEÑA QUE ESCRIBIÓ CUAUHTEMOCSIN?

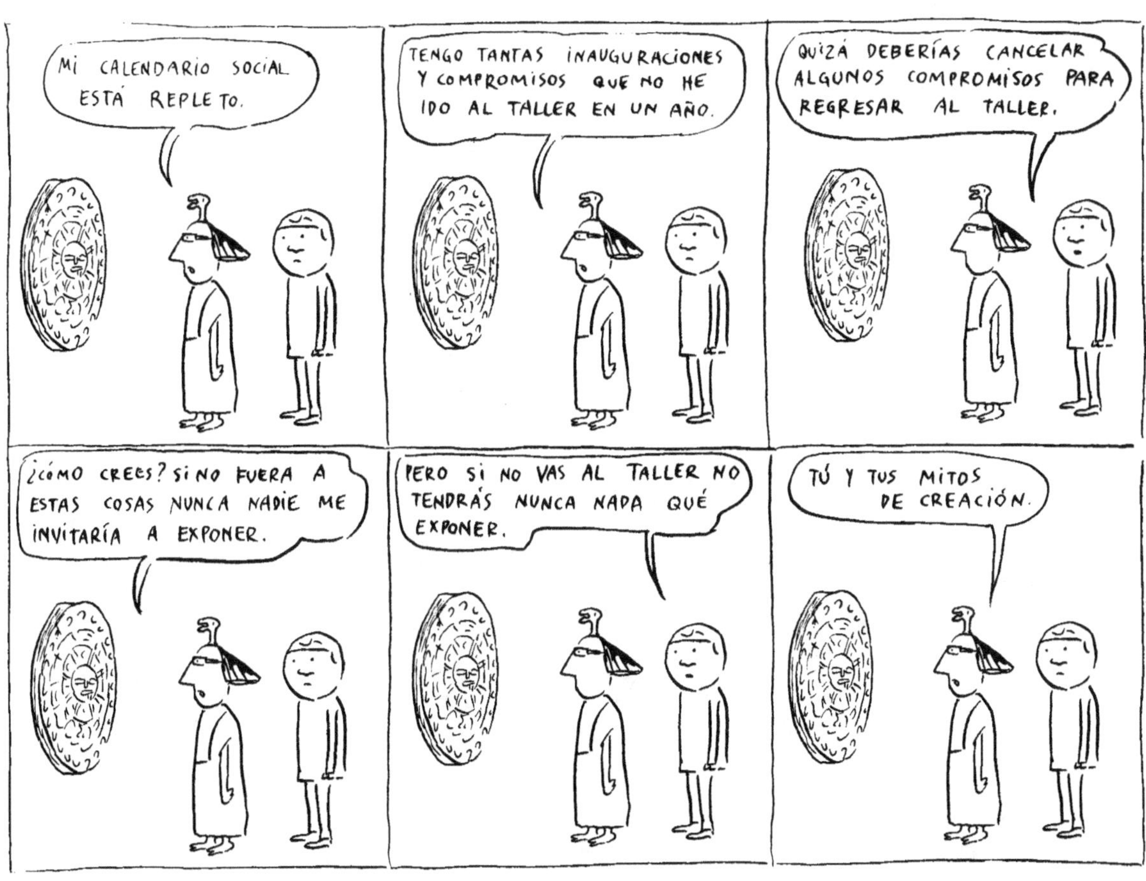
MI CALENDARIO SOCIAL ESTÁ REPLETO.
TENGO TANTAS INAUGURACIONES Y COMPROMISOS QUE NO HE IDO AL TALLER EN UN AÑO.
QUIZÁ DEBERÍAS CANCELAR ALGUNOS COMPROMISOS PARA REGRESAR AL TALLER.
¿CÓMO CREES? SI NO FUERA A ESTAS COSAS NUNCA NADIE ME INVITARÍA A EXPONER.
PERO SI NO VAS AL TALLER NO TENDRÁS NUNCA NADA QUÉ EXPONER.
TÚ Y TUS MITOS DE CREACIÓN.

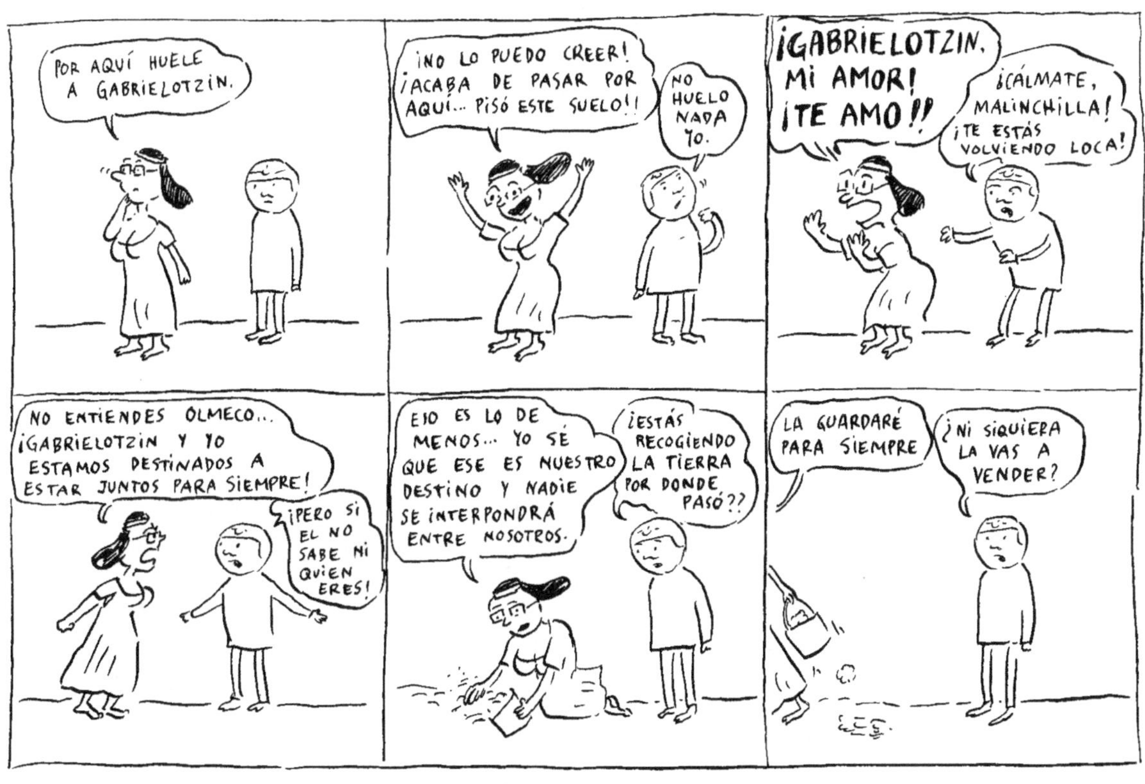
POR AQUÍ HUELE A GABRIELOTZIN.
¡NO LO PUEDO CREER! ¡ACABA DE PASAR POR AQUÍ... PISÓ ESTE SUELO!!
NO HUELO NADA YO.
¡GABRIELOTZIN, MI AMOR! ¡TE AMO!!
¡CÁLMATE, MALINCHILLA! ¡TE ESTÁS VOLVIENDO LOCA!
NO ENTIENDES OLMECO... ¡GABRIELOTZIN Y YO ESTAMOS DESTINADOS A ESTAR JUNTOS PARA SIEMPRE!
¡PERO SI EL NO SABE NI QUIEN ERES!
ESO ES LO DE MENOS... YO SÉ QUE ESE ES NUESTRO DESTINO Y NADIE SE INTERPONDRÁ ENTRE NOSOTROS.
¿ESTÁS RECOGIENDO LA TIERRA POR DONDE PASÓ??
LA GUARDARÉ PARA SIEMPRE
¿NI SIQUIERA LA VAS A VENDER?

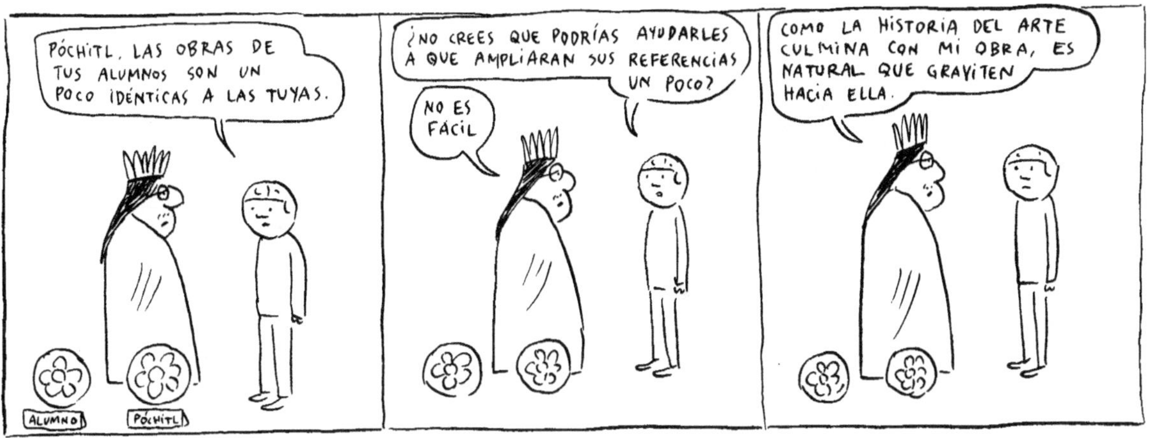
PÓCHITL, LAS OBRAS DE TUS ALUMNOS SON UN POCO IDÉNTICAS A LAS TUYAS.
ALUMNO
PÓCHITL
¿NO CREES QUE PODRÍAS AYUDARLES A QUE AMPLIARAN SUS REFERENCIAS UN POCO?
NO ES FÁCIL
COMO LA HISTORIA DEL ARTE CULMINA CON MI OBRA, ES NATURAL QUE GRAVITEN HACIA ELLA.

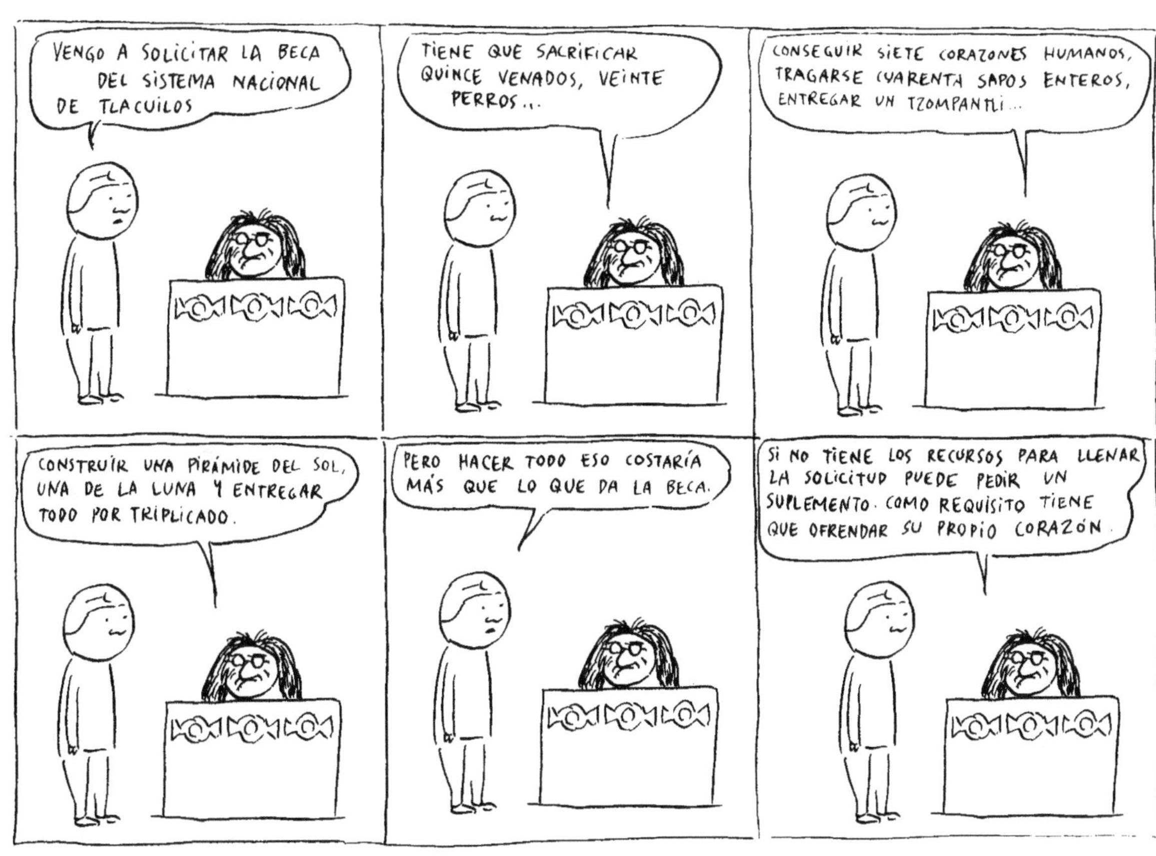
VENGO A SOLICITAR LA BECA DEL SISTEMA NACIONAL DE TLACUILOS
TIENE QUE SACRIFICAR QUINCE VENADOS, VEINTE PERROS...
CONSEGUIR SIETE CORAZONES HUMANOS, TRAGARSE CUARENTA SAPOS ENTEROS, ENTREGAR UN TZOMPANTLI...
CONSTRUIR UNA PIRÁMIDE DEL SOL, UNA DE LA LUNA Y ENTREGAR TODO POR TRIPLICADO.
PERO HACER TODO ESO COSTARÍA MÁS QUE LO QUE DA LA BECA.
SI NO TIENE LOS RECURSOS PARA LLENAR LA SOLICITUD PUEDE PEDIR UN SUPLEMENTO. COMO REQUISITO TIENE QUE OFRENDAR SU PROPIO CORAZÓN.

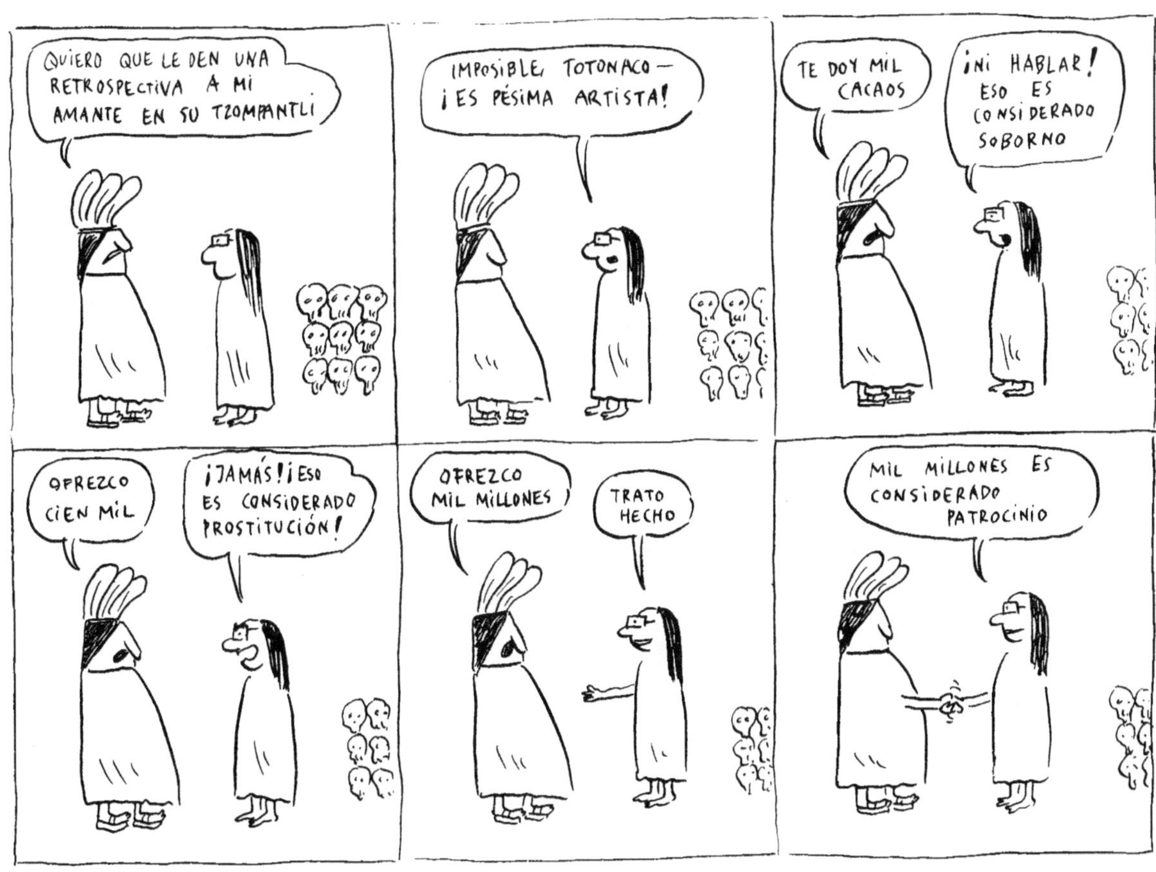
QUIERO QUE LE DEN UNA RETROSPECTIVA A MI AMANTE EN SU TZOMPANTLI
IMPOSIBLE, TOTONACO— ¡ES PÉSIMA ARTISTA!
TE DOY MIL CACAOS
¡NI HABLAR! ESO ES CONSIDERADO SOBORNO
OFREZCO CIEN MIL
¡JAMÁS! ¡ESO ES CONSIDERADO PROSTITUCIÓN!
OFREZCO MIL MILLONES
TRATO HECHO
MIL MILLONES ES CONSIDERADO PATROCINIO

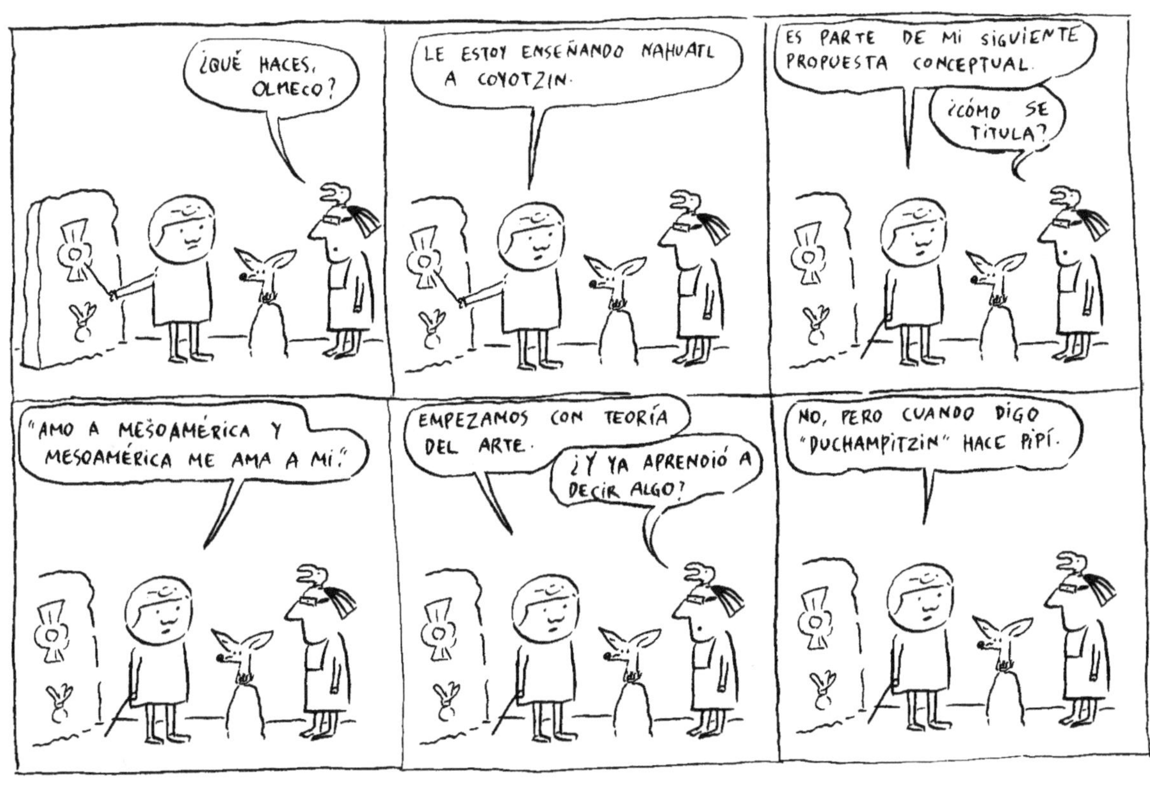
¿QUÉ HACES, OLMECO?
LE ESTOY ENSEÑANDO NAHUATL A COYOTZIN.
ES PARTE DE MI SIGUIENTE PROPUESTA CONCEPTUAL.
¿CÓMO SE TITULA?
"AMO A MESOAMÉRICA Y MESOAMÉRICA ME AMA A MÍ."
EMPEZAMOS CON TEORÍA DEL ARTE.
¿Y YA APRENDIÓ A DECIR ALGO?
NO, PERO CUANDO DIGO "DUCHAMPITZIN" HACE PIPÍ.

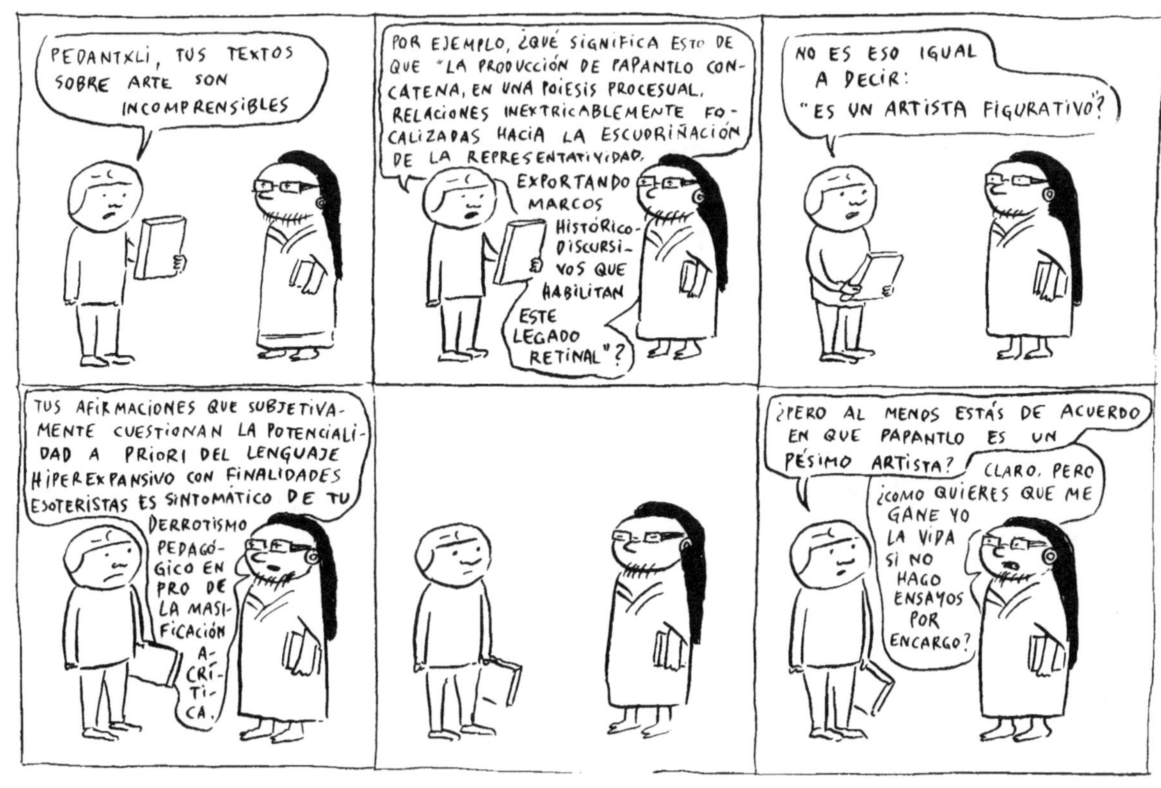

PEDANTXLI, TUS TEXTOS SOBRE ARTE SON INCOMPRENSIBLES
POR EJEMPLO, ¿QUÉ SIGNIFICA ESTO DE QUE "LA PRODUCCIÓN DE PAPANTLO CONCATENA, EN UNA POIESIS PROCESUAL, RELACIONES INEXTRICABLEMENTE FOCALIZADAS HACIA LA ESCUDRIÑACIÓN DE LA REPRESENTATIVIDAD, EXPORTANDO MARCOS HISTÓRICO-DISCURSIVOS QUE HABILITAN ESTE LEGADO RETINAL"?
NO ES ESO IGUAL A DECIR: "ES UN ARTISTA FIGURATIVO"?
TUS AFIRMACIONES QUE SUBJETIVAMENTE CUESTIONAN LA POTENCIALIDAD A PRIORI DEL LENGUAJE HIPEREXPANSIVO CON FINALIDADES ESOTERISTAS ES SINTOMÁTICO DE TU DERROTISMO PEDAGÓGICO EN PRO DE LA MASIFICACIÓN ACRÍTICA.
¿PERO AL MENOS ESTÁS DE ACUERDO EN QUE PAPANTLO ES UN PÉSIMO ARTISTA?
CLARO. PERO ¿CÓMO QUIERES QUE ME GANE YO LA VIDA SI NO HAGO ENSAYOS POR ENCARGO?

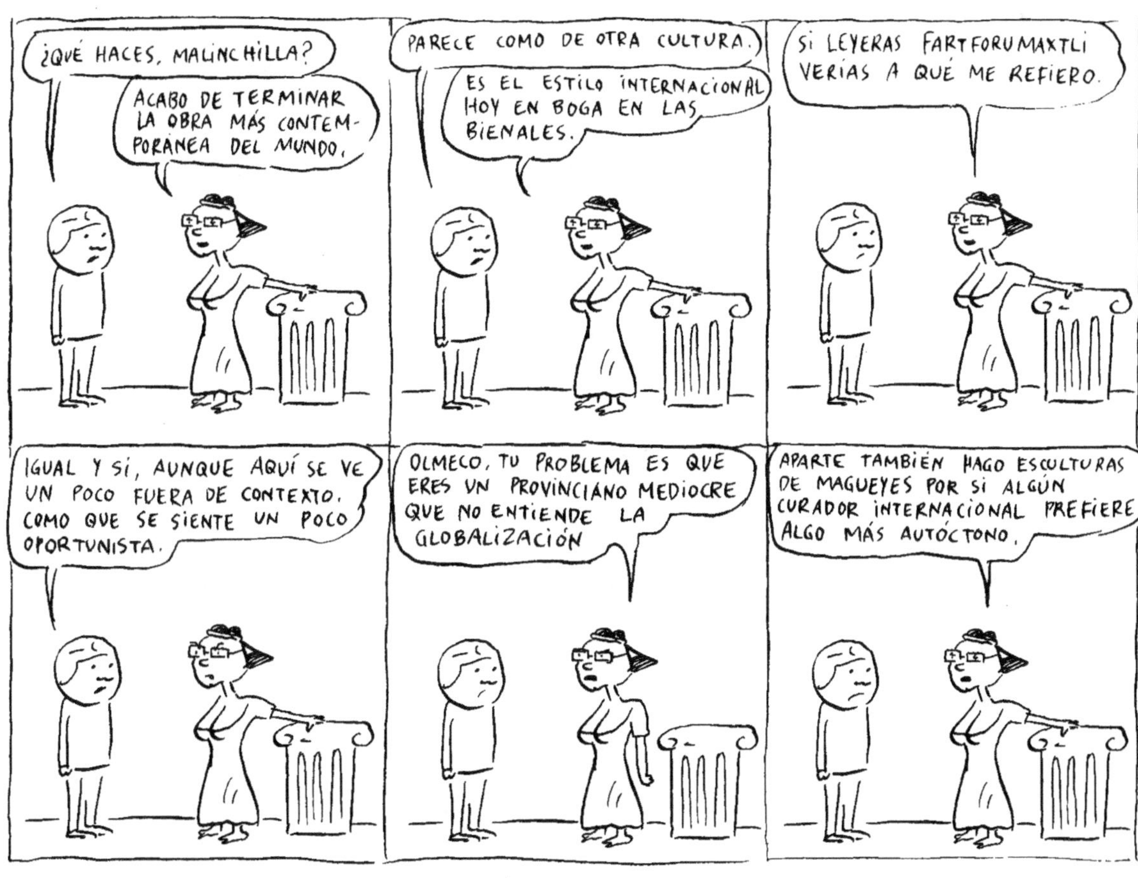
¿QUÉ HACES, MALINCHILLA?
ACABO DE TERMINAR LA OBRA MÁS CONTEMPORÁNEA DEL MUNDO.
PARECE COMO DE OTRA CULTURA.
ES EL ESTILO INTERNACIONAL HOY EN BOGA EN LAS BIENALES.
SI LEYERAS FARTFORUMAXTLI VERÍAS A QUÉ ME REFIERO.
IGUAL Y SÍ, AUNQUE AQUÍ SE VE UN POCO FUERA DE CONTEXTO. COMO QUE SE SIENTE UN POCO OPORTUNISTA.
OLMECO, TU PROBLEMA ES QUE ERES UN PROVINCIANO MEDIOCRE QUE NO ENTIENDE LA GLOBALIZACIÓN
APARTE TAMBIÉN HAGO ESCULTURAS DE MAGUEYES POR SI ALGÚN CURADOR INTERNACIONAL PREFIERE ALGO MÁS AUTÓCTONO.

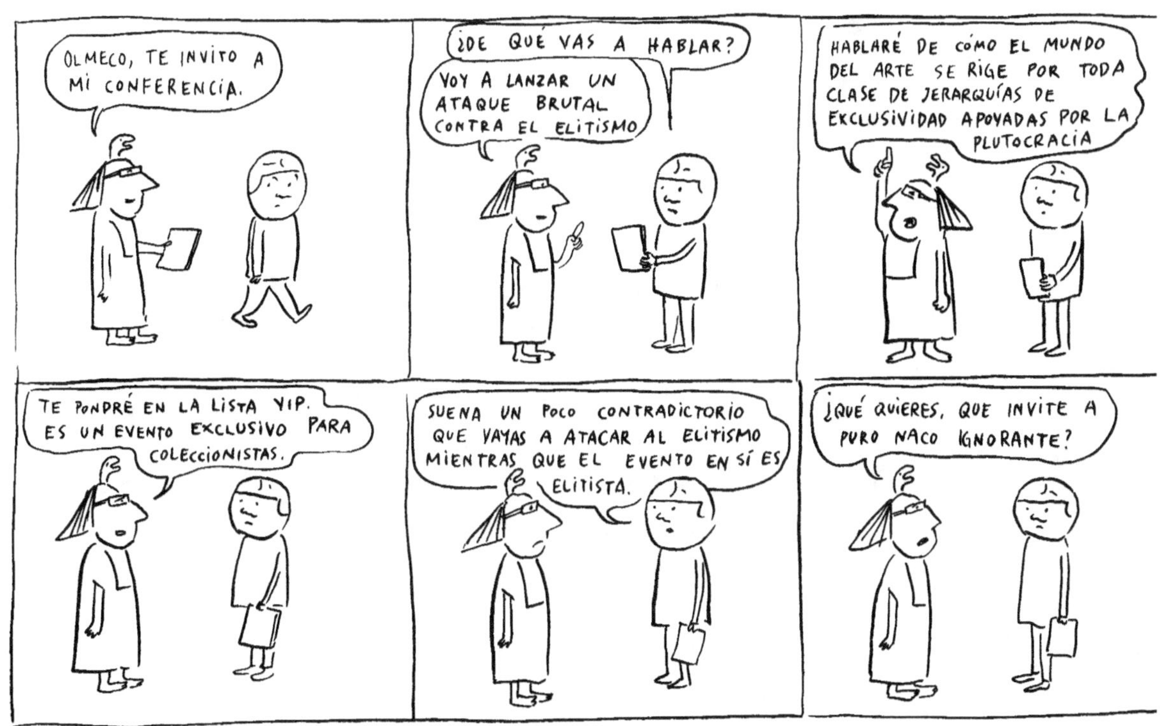
OLMECO, TE INVITO A MI CONFERENCIA.
¿DE QUÉ VAS A HABLAR?
VOY A LANZAR UN ATAQUE BRUTAL CONTRA EL ELITISMO
HABLARÉ DE CÓMO EL MUNDO DEL ARTE SE RIGE POR TODA CLASE DE JERARQUÍAS DE EXCLUSIVIDAD APOYADAS POR LA PLUTOCRACIA
TE PONDRÉ EN LA LISTA VIP. ES UN EVENTO EXCLUSIVO PARA COLECCIONISTAS.
SUENA UN POCO CONTRADICTORIO QUE VAYAS A ATACAR AL ELITISMO MIENTRAS QUE EL EVENTO EN SÍ ES ELITISTA.
¿QUÉ QUIERES, QUE INVITE A PURO NACO IGNORANTE?

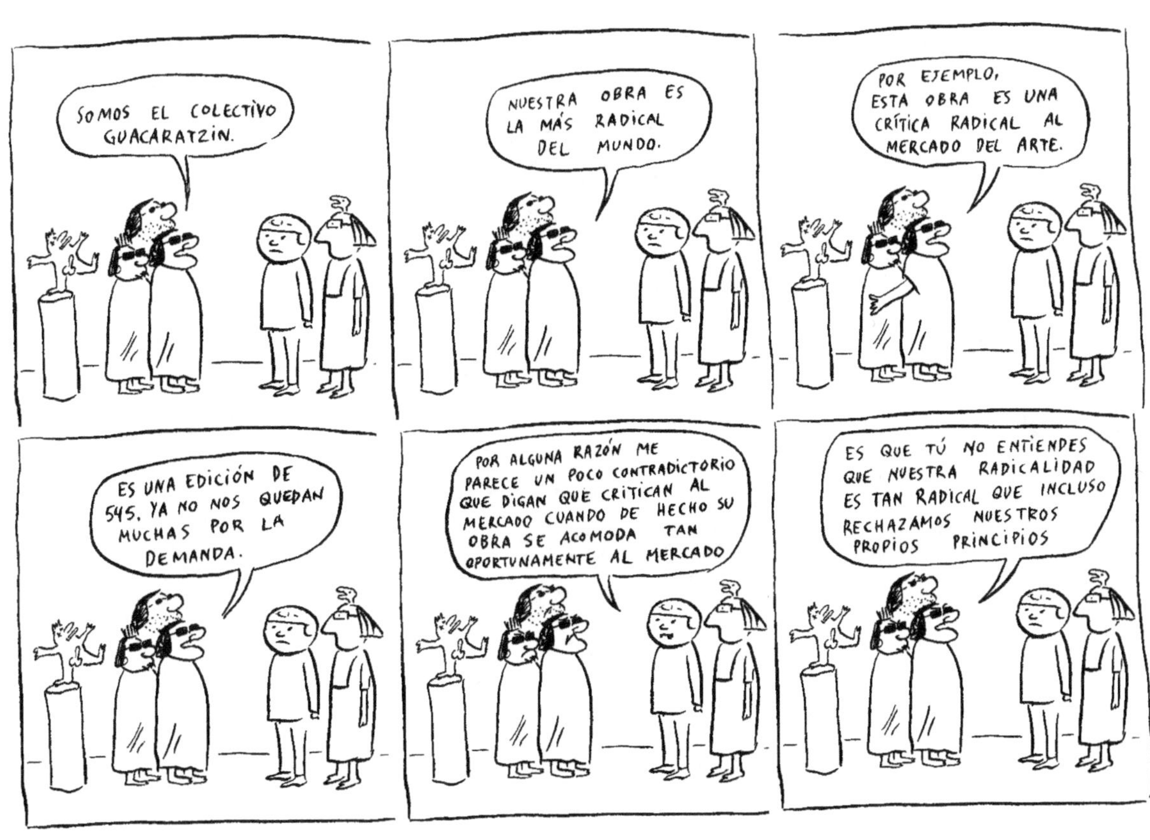
SOMOS EL COLECTIVO GUACARATZIN.
NUESTRA OBRA ES LA MÁS RADICAL DEL MUNDO.
POR EJEMPLO, ESTA OBRA ES UNA CRÍTICA RADICAL AL MERCADO DEL ARTE.
ES UNA EDICIÓN DE 545. YA NO NOS QUEDAN MUCHAS POR LA DEMANDA.
POR ALGUNA RAZÓN ME PARECE UN POCO CONTRADICTORIO QUE DIGAN QUE CRITICAN AL MERCADO CUANDO DE HECHO SU OBRA SE ACOMODA TAN OPORTUNAMENTE AL MERCADO
ES QUE TÚ NO ENTIENDES QUE NUESTRA RADICALIDAD ES TAN RADICAL QUE INCLUSO RECHAZAMOS NUESTROS PROPIOS PRINCIPIOS

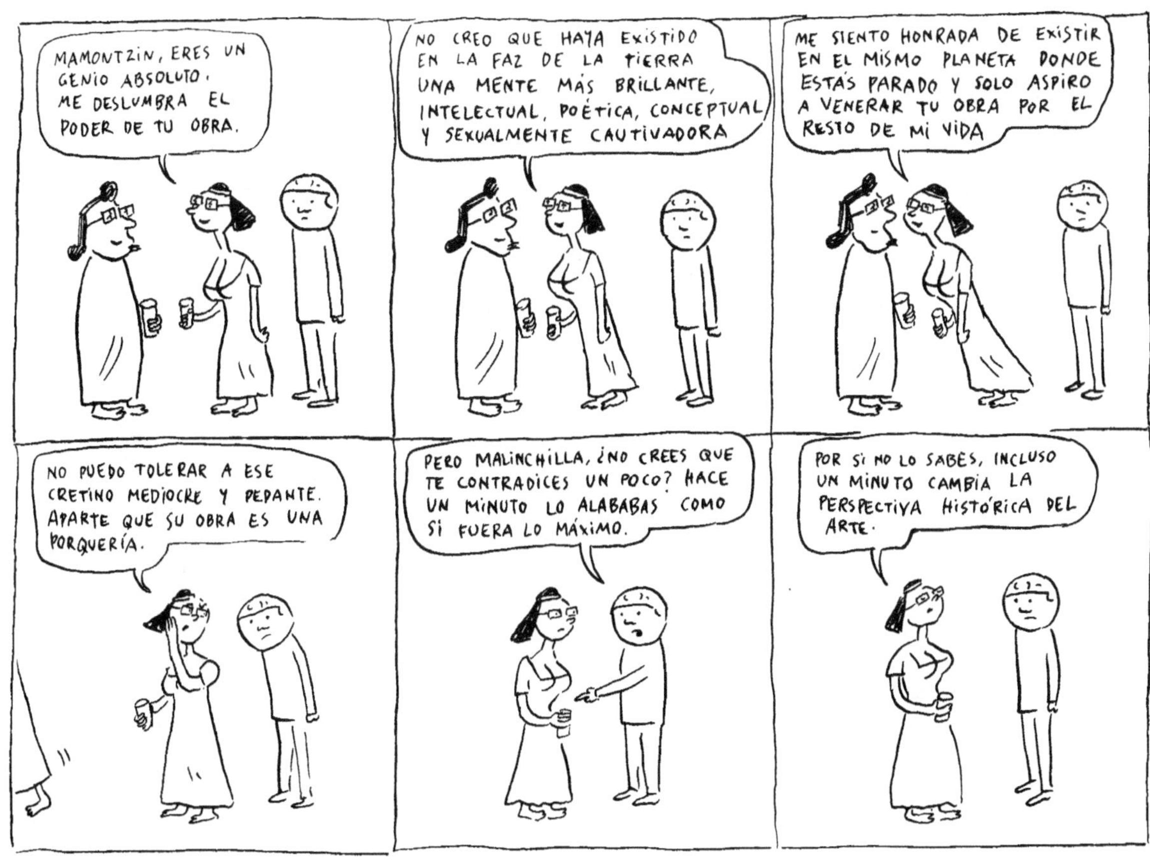
MAMONTZIN, ERES UN GENIO ABSOLUTO. ME DESLUMBRA EL PODER DE TU OBRA.
NO CREO QUE HAYA EXISTIDO EN LA FAZ DE LA TIERRA UNA MENTE MÁS BRILLANTE, INTELECTUAL, POÉTICA, CONCEPTUAL Y SEXUALMENTE CAUTIVADORA
ME SIENTO HONRADA DE EXISTIR EN EL MISMO PLANETA DONDE ESTÁS PARADO Y SOLO ASPIRO A VENERAR TU OBRA POR EL RESTO DE MI VIDA
NO PUEDO TOLERAR A ESE CRETINO MEDIOCRE Y PEDANTE. APARTE QUE SU OBRA ES UNA PORQUERÍA.
PERO MALINCHILLA, ¿NO CREES QUE TE CONTRADICES UN POCO? HACE UN MINUTO LO ALABABAS COMO SI FUERA LO MÁXIMO.
POR SI NO LO SABES, INCLUSO UN MINUTO CAMBIA LA PERSPECTIVA HISTÓRICA DEL ARTE.

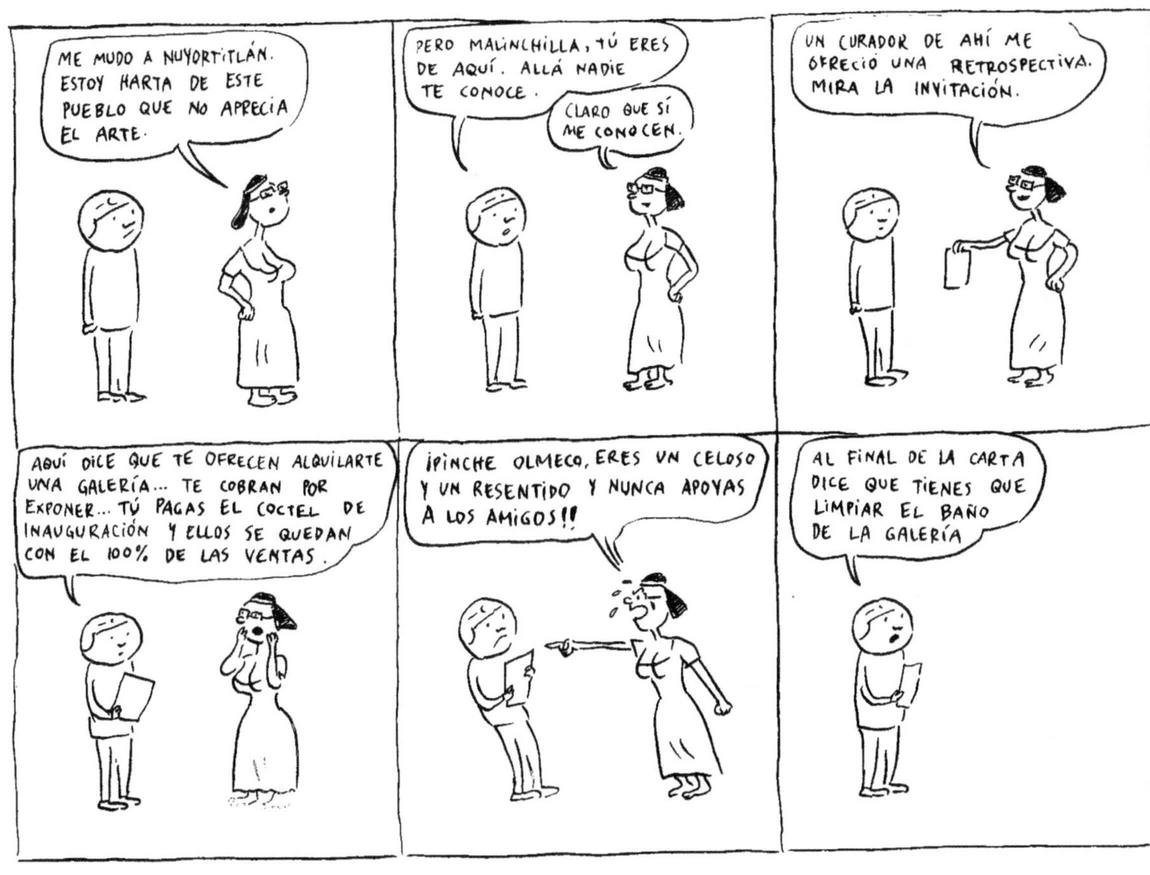
ME MUDO A NUYORTITLÁN. ESTOY HARTA DE ESTE PUEBLO QUE NO APRECIA EL ARTE.
PERO MALINCHILLA, TÚ ERES DE AQUÍ. ALLÁ NADIE TE CONOCE.
CLARO QUE SÍ ME CONOCEN.
UN CURADOR DE AHÍ ME OFRECIÓ UNA RETROSPECTIVA. MIRA LA INVITACIÓN.
AQUÍ DICE QUE TE OFRECEN ALQUILARTE UNA GALERÍA... TE COBRAN POR EXPONER... TÚ PAGAS EL COCTEL DE INAUGURACIÓN Y ELLOS SE QUEDAN CON EL 100% DE LAS VENTAS.
¡PINCHE OLMECO, ERES UN CELOSO Y UN RESENTIDO Y NUNCA APOYAS A LOS AMIGOS!!
AL FINAL DE LA CARTA DICE QUE TIENES QUE LIMPIAR EL BAÑO DE LA GALERÍA

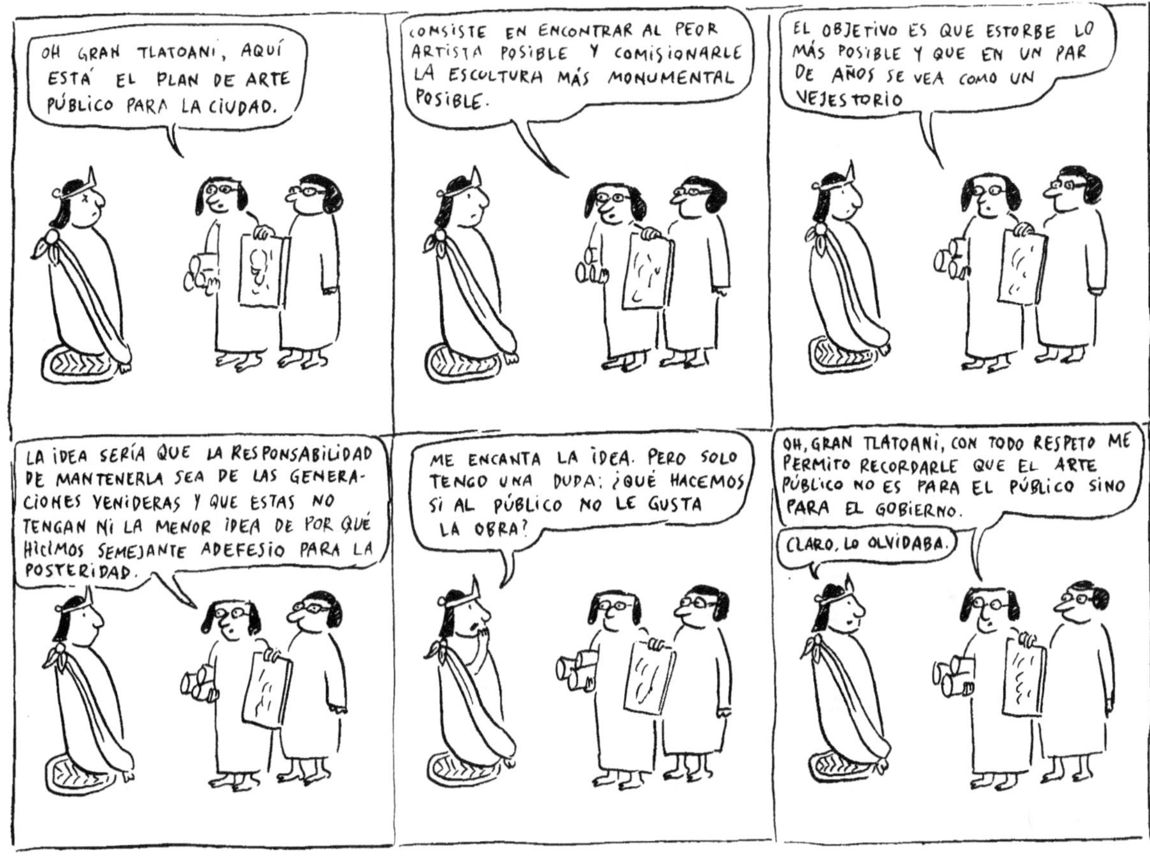
OH GRAN TLATOANI, AQUÍ ESTÁ EL PLAN DE ARTE PÚBLICO PARA LA CIUDAD.
CONSISTE EN ENCONTRAR AL PEOR ARTISTA POSIBLE Y COMISIONARLE LA ESCULTURA MÁS MONUMENTAL POSIBLE.
EL OBJETIVO ES QUE ESTORBE LO MÁS POSIBLE Y QUE EN UN PAR DE AÑOS SE VEA COMO UN VEJESTORIO
LA IDEA SERÍA QUE LA RESPONSABILIDAD DE MANTENERLA SEA DE LAS GENERACIONES VENIDERAS Y QUE ESTAS NO TENGAN NI LA MENOR IDEA DE POR QUÉ HICIMOS SEMEJANTE ADEFESIO PARA LA POSTERIDAD.
ME ENCANTA LA IDEA. PERO SOLO TENGO UNA DUDA: ¿QUÉ HACEMOS SI AL PÚBLICO NO LE GUSTA LA OBRA?
OH, GRAN TLATOANI, CON TODO RESPETO ME PERMITO RECORDARLE QUE EL ARTE PÚBLICO NO ES PARA EL PÚBLICO SINO PARA EL GOBIERNO.
CLARO, LO OLVIDABA.

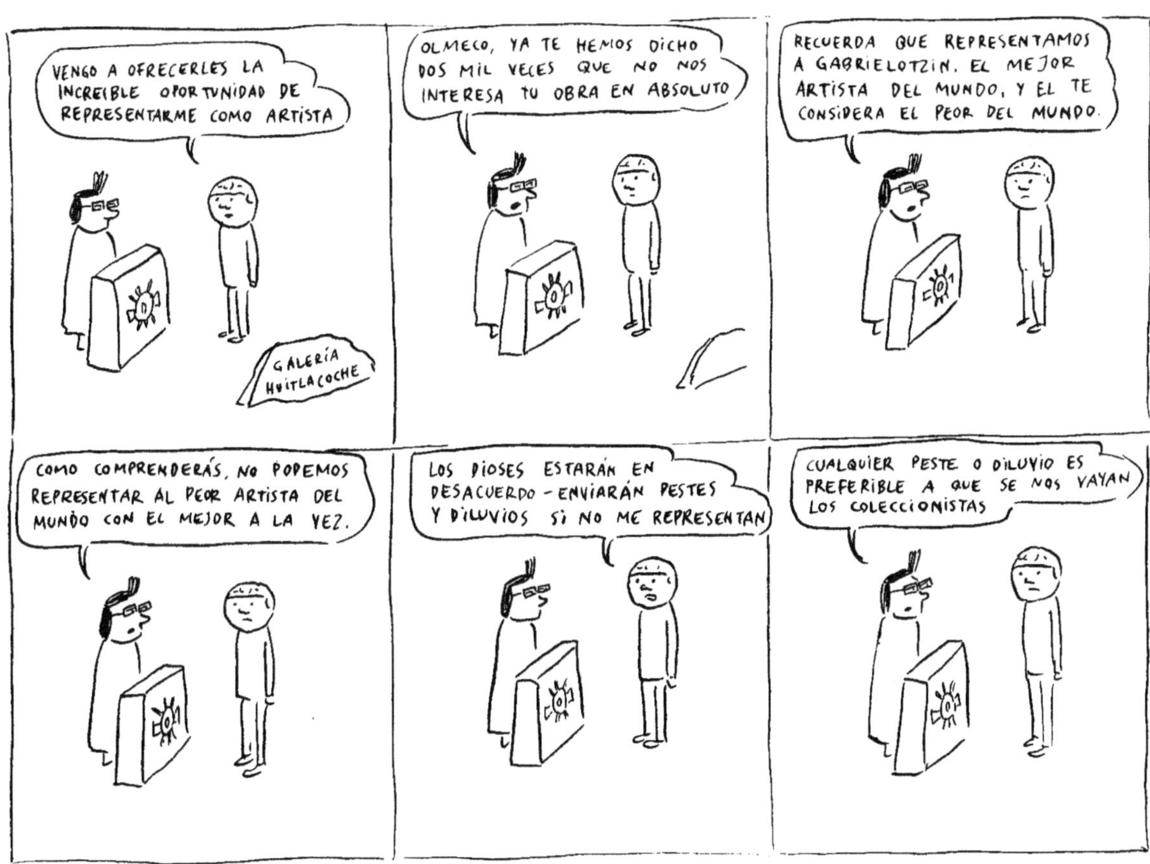
VENGO A OFRECERLES LA INCREIBLE OPORTUNIDAD DE REPRESENTARME COMO ARTISTA
GALERÍA HUITLACOCHE
OLMECO, YA TE HEMOS DICHO DOS MIL VECES QUE NO NOS INTERESA TU OBRA EN ABSOLUTO
RECUERDA QUE REPRESENTAMOS A GABRIELOTZIN. EL MEJOR ARTISTA DEL MUNDO, Y EL TE CONSIDERA EL PEOR DEL MUNDO.
COMO COMPRENDERÁS, NO PODEMOS REPRESENTAR AL PEOR ARTISTA DEL MUNDO CON EL MEJOR A LA VEZ.
LOS DIOSES ESTARÁN EN DESACUERDO - ENVIARÁN PESTES Y DILUVIOS SI NO ME REPRESENTAN
CUALQUIER PESTE O DILUVIO ES PREFERIBLE A QUE SE NOS VAYAN LOS COLECCIONISTAS

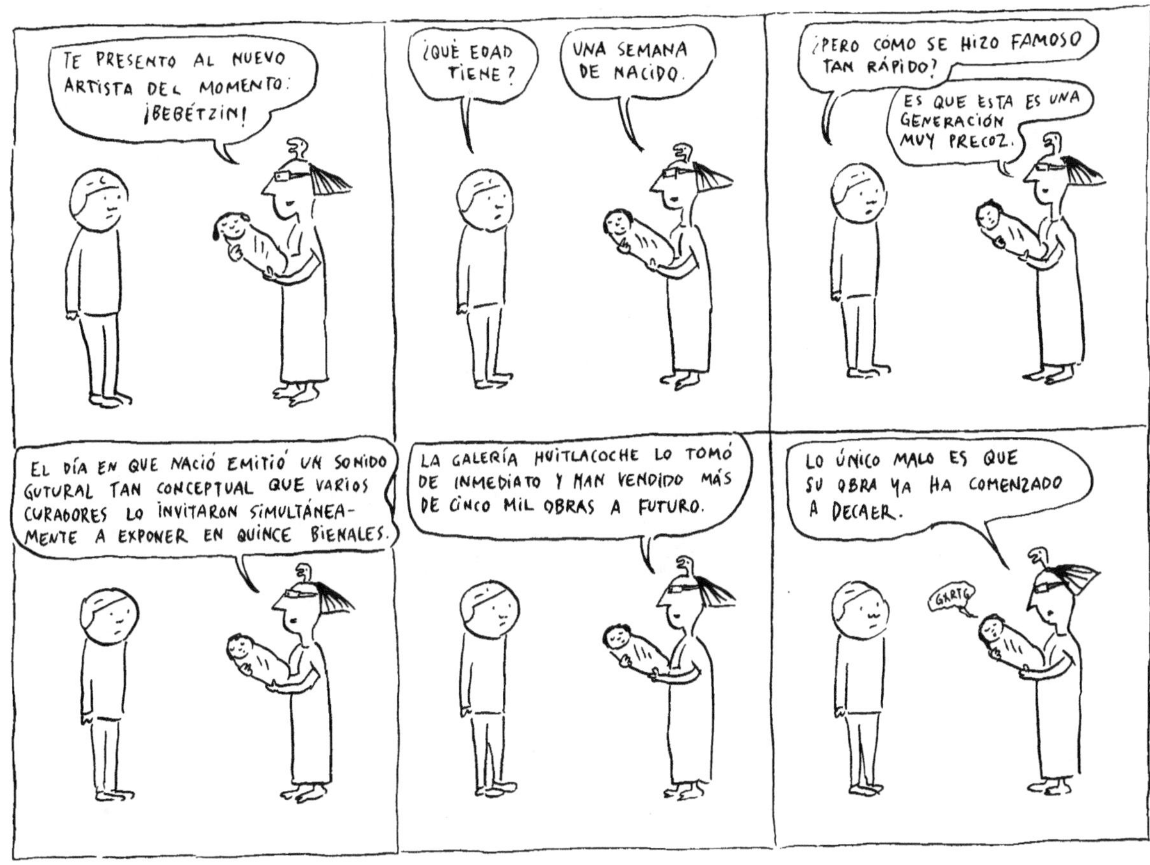

TE PRESENTO AL NUEVO ARTISTA DEL MOMENTO: ¡BEBÉTZIN!
¿QUÉ EDAD TIENE?
UNA SEMANA DE NACIDO.
¿PERO CÓMO SE HIZO FAMOSO TAN RÁPIDO?
ES QUE ESTA ES UNA GENERACIÓN MUY PRECOZ.
EL DÍA EN QUE NACIÓ EMITIÓ UN SONIDO GUTURAL TAN CONCEPTUAL QUE VARIOS CURADORES LO INVITARON SIMULTÁNEAMENTE A EXPONER EN QUINCE BIENALES.
LA GALERÍA HUITLACOCHE LO TOMÓ DE INMEDIATO Y HAN VENDIDO MÁS DE CINCO MIL OBRAS A FUTURO.
LO ÚNICO MALO ES QUE SU OBRA YA HA COMENZADO A DECAER.
GARTG

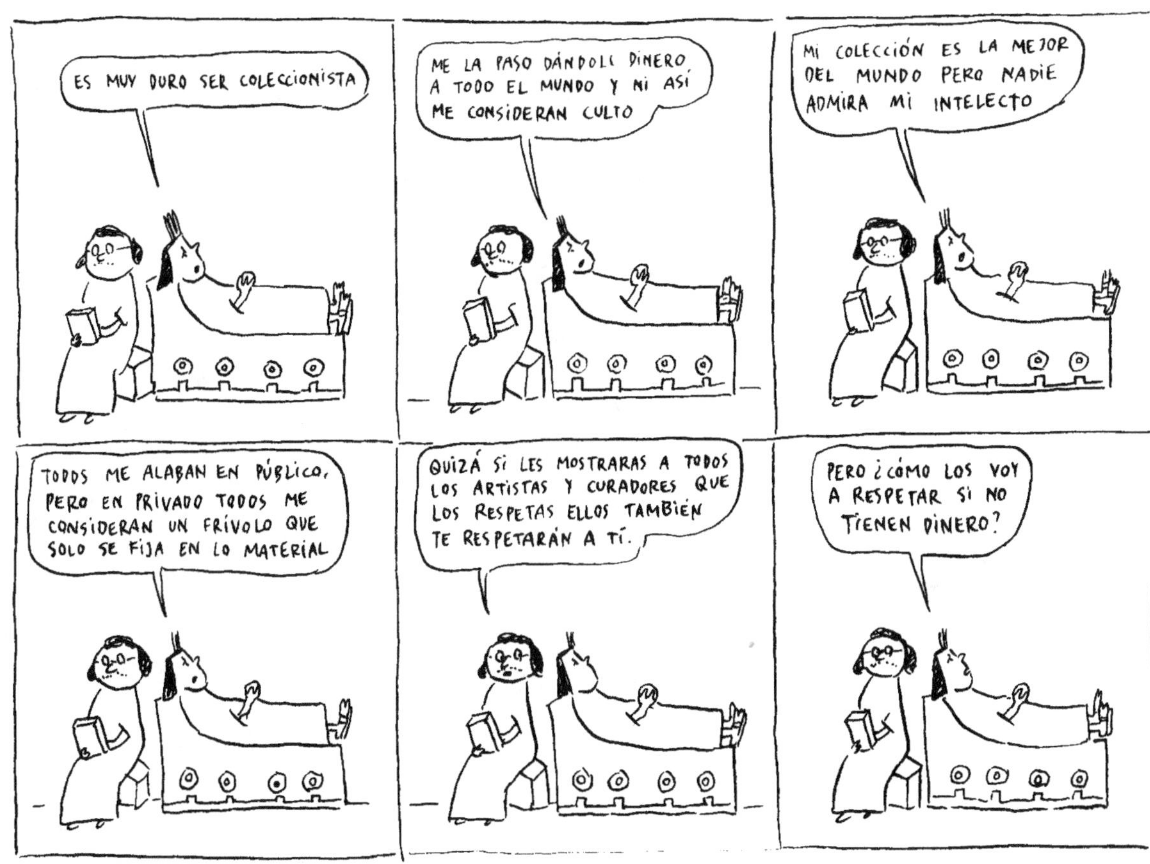
ES MUY DURO SER COLECCIONISTA
ME LA PASO DÁNDOLE DINERO A TODO EL MUNDO Y NI ASÍ ME CONSIDERAN CULTO
MI COLECCIÓN ES LA MEJOR DEL MUNDO PERO NADIE ADMIRA MI INTELECTO
TODOS ME ALABAN EN PÚBLICO, PERO EN PRIVADO TODOS ME CONSIDERAN UN FRÍVOLO QUE SOLO SE FIJA EN LO MATERIAL
QUIZÁ SI LES MOSTRARAS A TODOS LOS ARTISTAS Y CURADORES QUE LOS RESPETAS ELLOS TAMBIÉN TE RESPETARÁN A TÍ.
PERO ¿CÓMO LOS VOY A RESPETAR SI NO TIENEN DINERO?

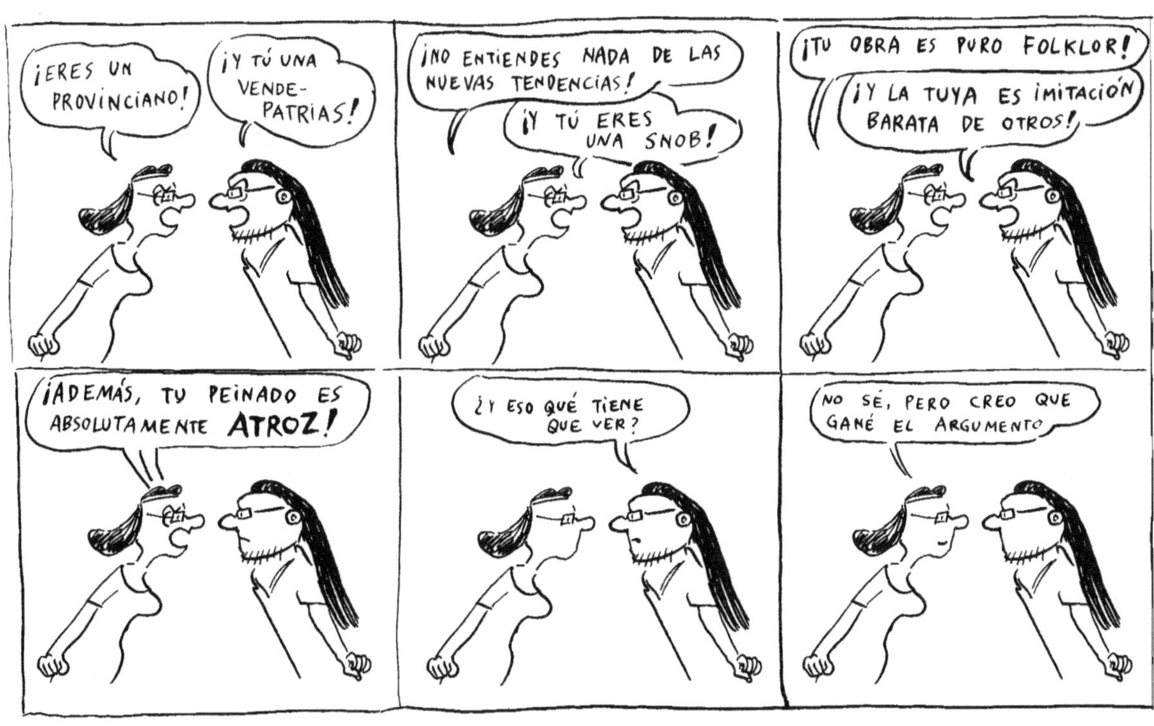

¡ERES UN PROVINCIANO!
¡Y TÚ UNA VENDE-PATRIAS!
¡NO ENTIENDES NADA DE LAS NUEVAS TENDENCIAS!
¡Y TÚ ERES UNA SNOB!
¡TU OBRA ES PURO FOLKLOR!
¡Y LA TUYA ES IMITACIÓN BARATA DE OTROS!
¡ADEMÁS, TU PEINADO ES ABSOLUTAMENTE ATROZ!
¿Y ESO QUÉ TIENE QUE VER?
NO SÉ, PERO CREO QUE GANÉ EL ARGUMENTO

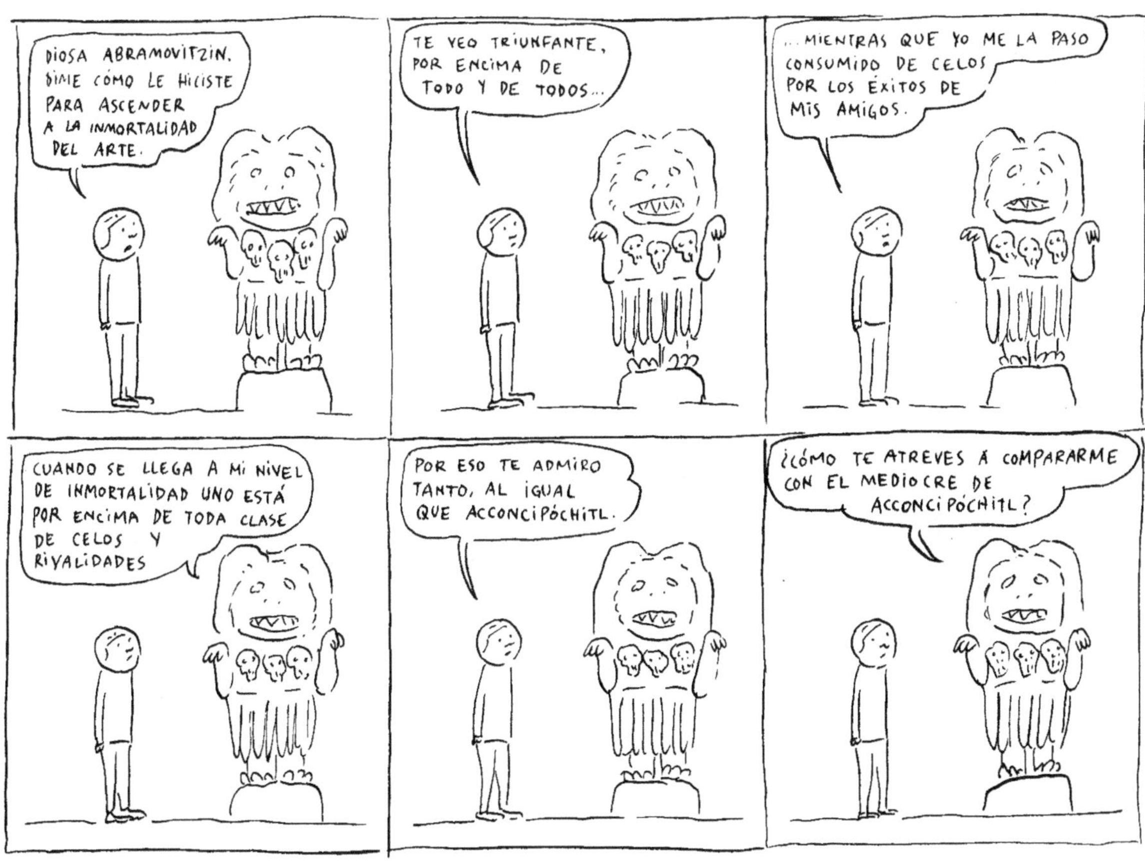
DIOSA ABRAMOVITZIN. DIME CÓMO LE HICISTE PARA ASCENDER A LA INMORTALIDAD DEL ARTE.
TE VEO TRIUNFANTE, POR ENCIMA DE TODO Y DE TODOS...
...MIENTRAS QUE YO ME LA PASO CONSUMIDO DE CELOS POR LOS ÉXITOS DE MIS AMIGOS.
CUANDO SE LLEGA A MI NIVEL DE INMORTALIDAD UNO ESTÁ POR ENCIMA DE TODA CLASE DE CELOS Y RIVALIDADES
POR ESO TE ADMIRO TANTO, AL IGUAL QUE ACCONCIPÓCHITL.
¿CÓMO TE ATREVES A COMPARARME CON EL MEDIOCRE DE ACCONCIPÓCHITL?

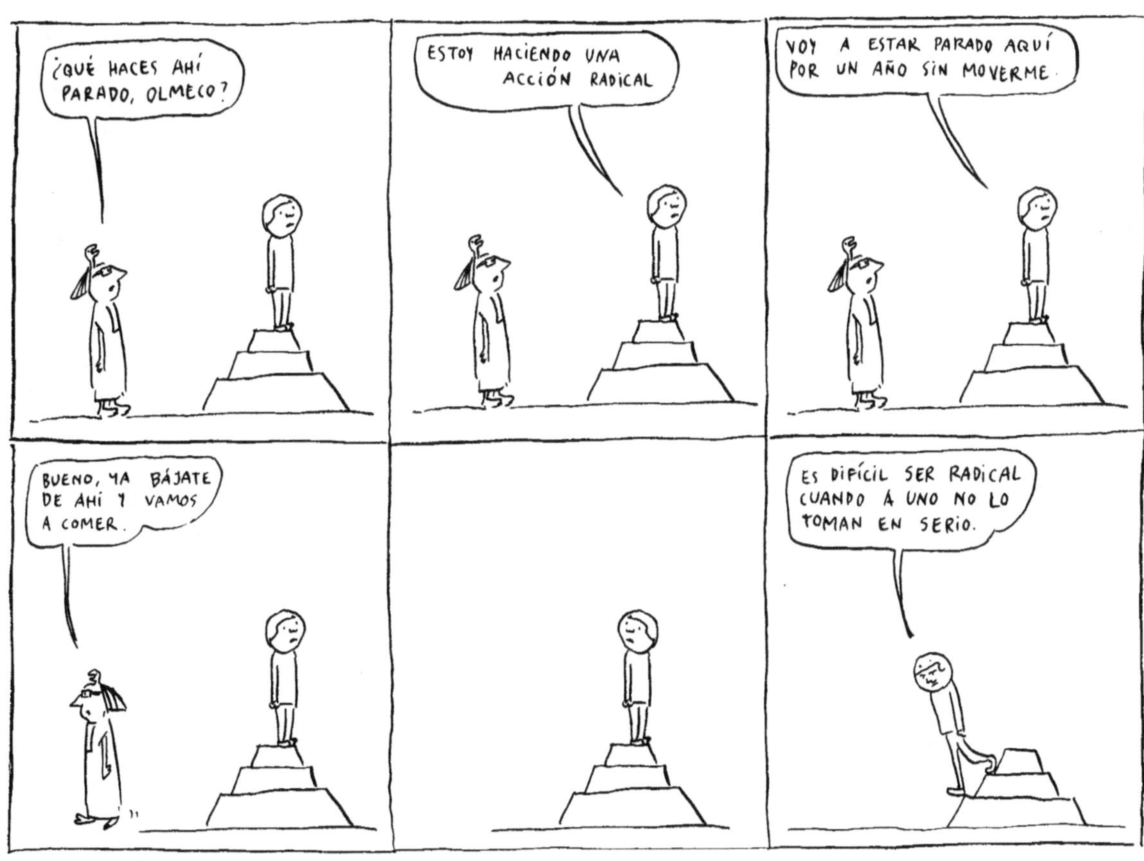
¿QUÉ HACES AHÍ PARADO, OLMECO?
ESTOY HACIENDO UNA ACCIÓN RADICAL
VOY A ESTAR PARADO AQUÍ POR UN AÑO SIN MOVERME.
BUENO, YA BÁJATE DE AHÍ Y VAMOS A COMER.
ES DIFÍCIL SER RADICAL CUANDO A UNO NO LO TOMAN EN SERIO.

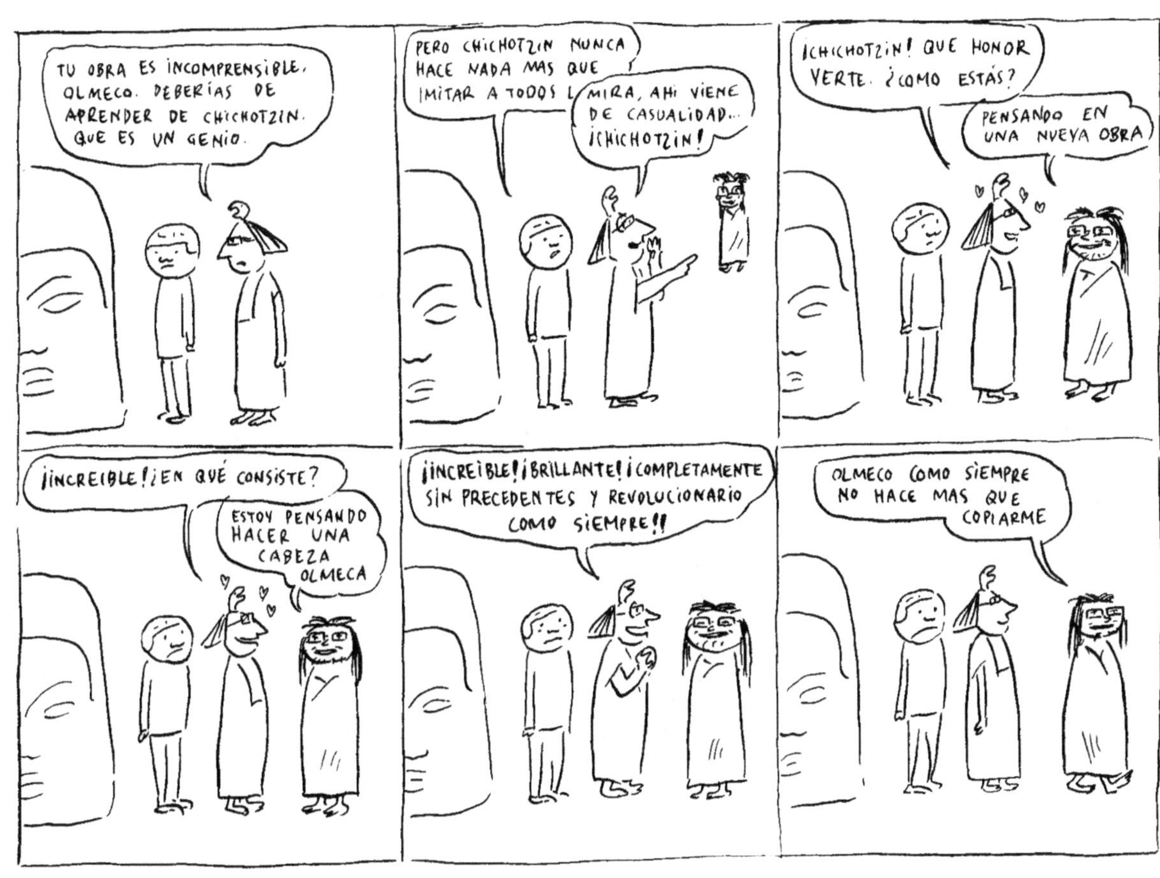
TU OBRA ES INCOMPRENSIBLE, OLMECO. DEBERÍAS DE APRENDER DE CHICHOTZIN. QUE ES UN GENIO.
PERO CHICHOTZIN NUNCA HACE NADA MAS QUE IMITAR A TODOS L
MIRA, AHI VIENE DE CASUALIDAD... ¡CHICHOTZIN!
¡CHICHOTZIN! QUE HONOR VERTE. ¿COMO ESTÁS?
PENSANDO EN UNA NUEVA OBRA
¡INCREIBLE! ¡EN QUÉ CONSISTE?
ESTOY PENSANDO HACER UNA CABEZA OLMECA
¡INCREIBLE! ¡BRILLANTE! ¡COMPLETAMENTE SIN PRECEDENTES Y REVOLUCIONARIO COMO SIEMPRE!!
OLMECO COMO SIEMPRE NO HACE MAS QUE COPIARME

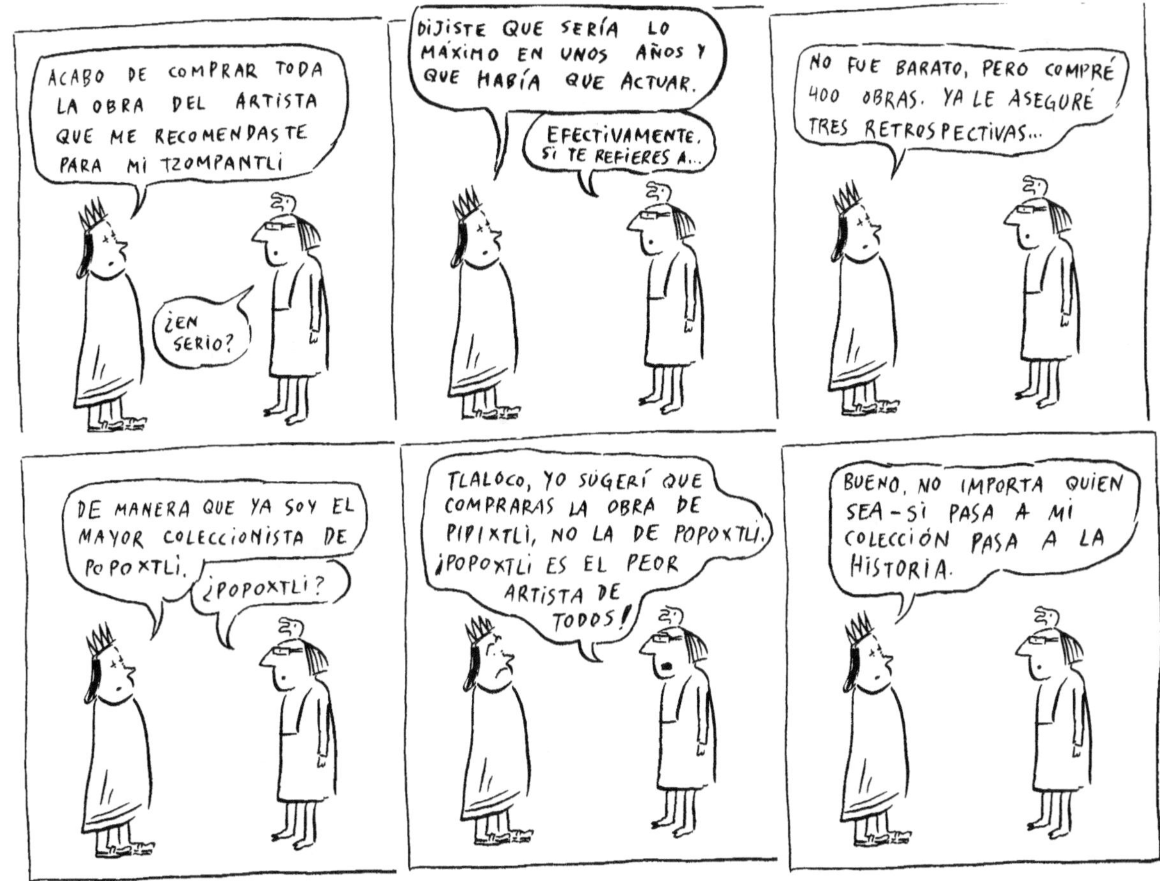
ACABO DE COMPRAR TODA LA OBRA DEL ARTISTA QUE ME RECOMENDASTE PARA MI TZOMPANTLI
¿EN SERIO?
DIJISTE QUE SERÍA LO MÁXIMO EN UNOS AÑOS Y QUE HABÍA QUE ACTUAR.
EFECTIVAMENTE. SI TE REFIERES A...
NO FUE BARATO, PERO COMPRÉ 400 OBRAS. YA LE ASEGURÉ TRES RETROSPECTIVAS...
DE MANERA QUE YA SOY EL MAYOR COLECCIONISTA DE POPOXTLI.
¿POPOXTLI?
TLALOCO, YO SUGERÍ QUE COMPRARAS LA OBRA DE PIPIXTLI, NO LA DE POPOXTLI. ¡POPOXTLI ES EL PEOR ARTISTA DE TODOS!
BUENO, NO IMPORTA QUIEN SEA - SI PASA A MI COLECCIÓN PASA A LA HISTORIA.

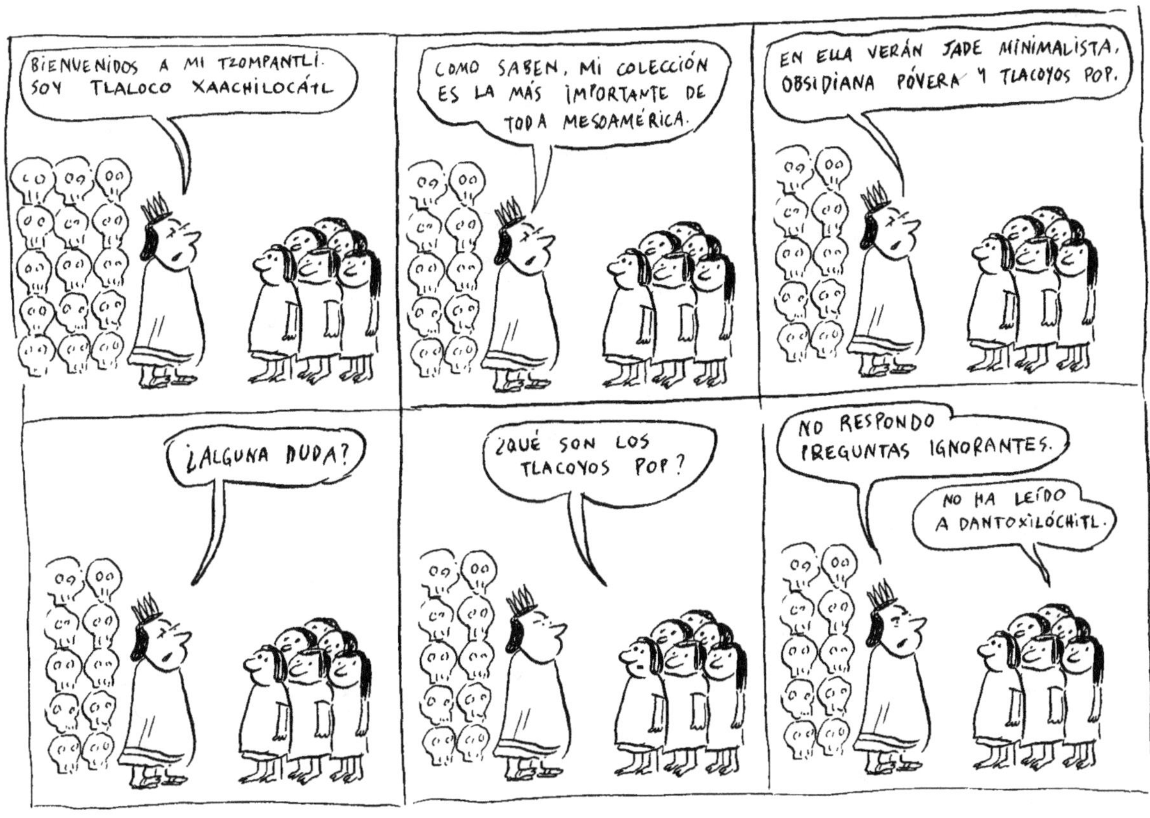
BIENVENIDOS A MI TZOMPANTLI. SOY TLALOCO XAACHILOCÁTL
COMO SABEN, MI COLECCIÓN ES LA MÁS IMPORTANTE DE TODA MESOAMÉRICA.
EN ELLA VERÁN JADE MINIMALISTA, OBSIDIANA PÓVERA Y TLACOYOS POP.
¿ALGUNA DUDA?
¿QUÉ SON LOS TLACOYOS POP?
NO RESPONDO PREGUNTAS IGNORANTES.
NO HA LEÍDO A DANTOXILÓCHITL.

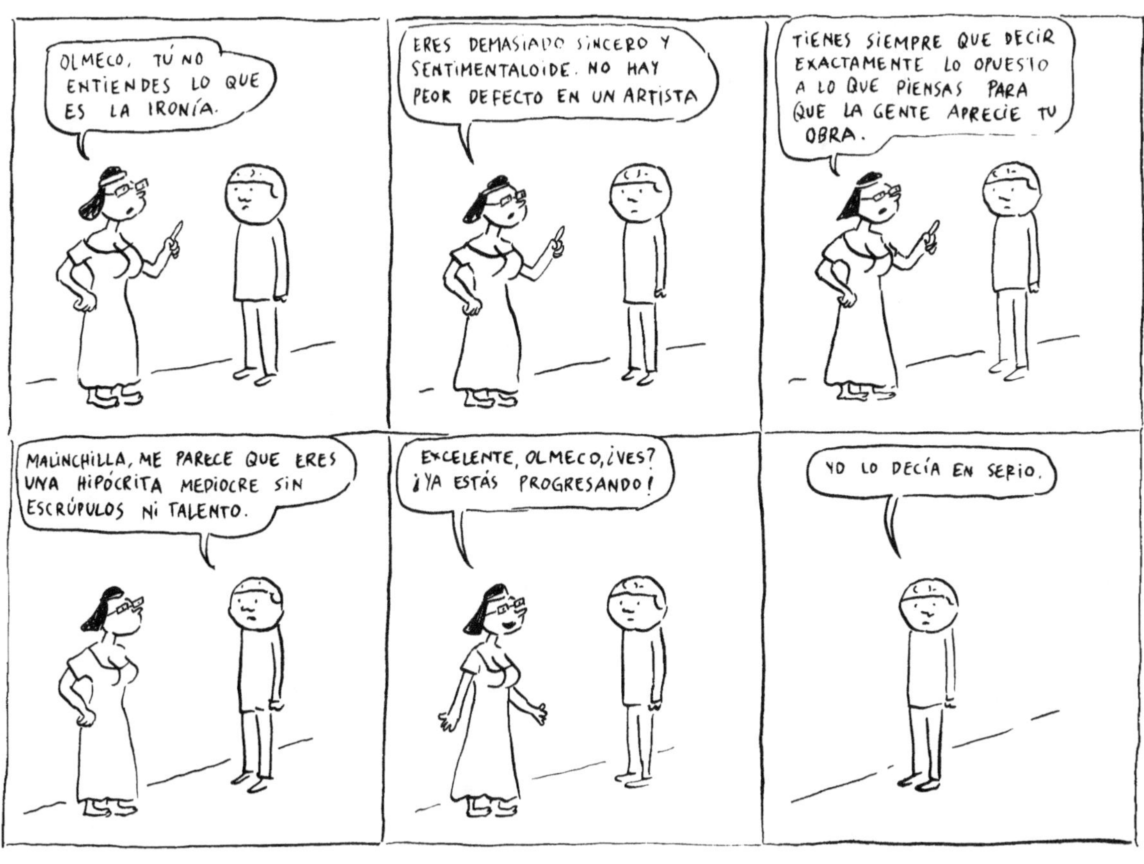
OLMECO, TÚ NO ENTIENDES LO QUE ES LA IRONÍA.
ERES DEMASIADO SINCERO Y SENTIMENTALOIDE. NO HAY PEOR DEFECTO EN UN ARTISTA
TIENES SIEMPRE QUE DECIR EXACTAMENTE LO OPUESTO A LO QUE PIENSAS PARA QUE LA GENTE APRECIE TU OBRA.
MALINCHILLA, ME PARECE QUE ERES UNA HIPÓCRITA MEDIOCRE SIN ESCRÚPULOS NI TALENTO.
EXCELENTE, OLMECO, ¿VES? ¡YA ESTÁS PROGRESANDO!
YO LO DECÍA EN SERIO.

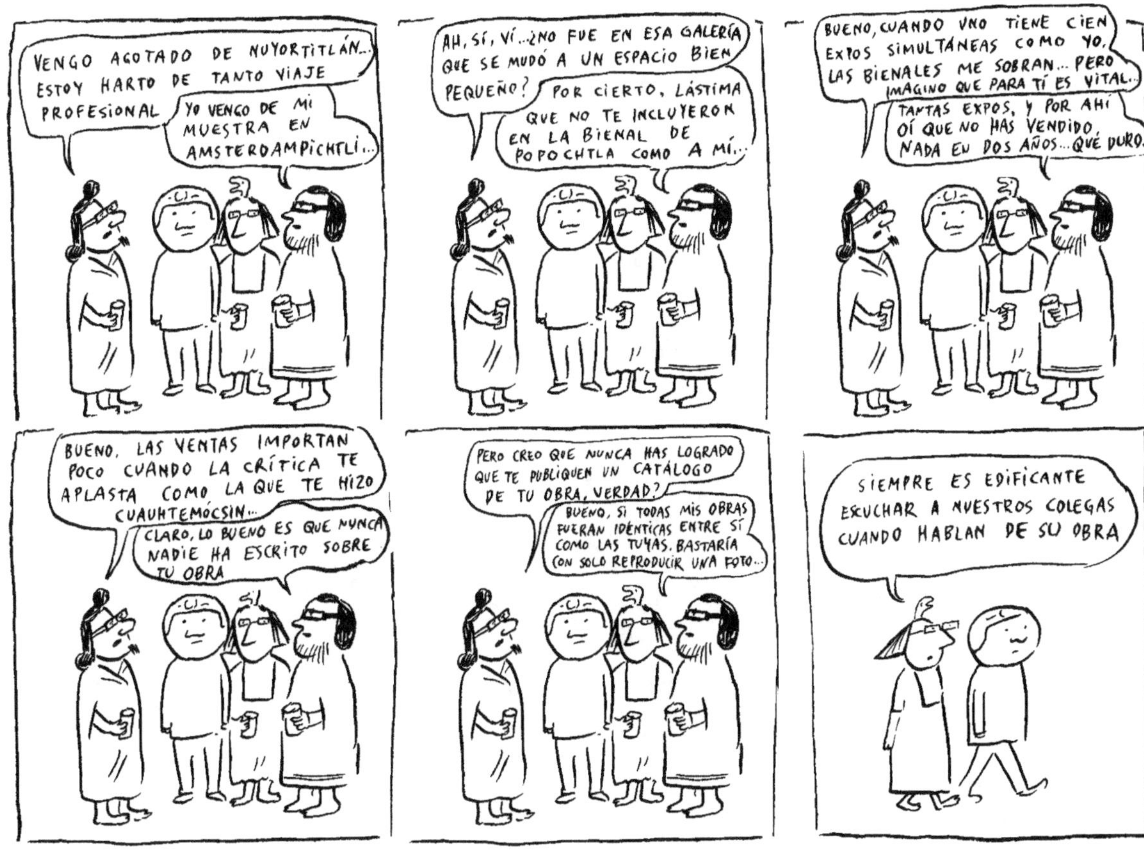
VENGO AGOTADO DE NUYORTITLÁN... ESTOY HARTO DE TANTO VIAJE PROFESIONAL
YO VENGO DE MI MUESTRA EN AMSTERDAMPICHTLI...
AH, SÍ, VÍ... ¿NO FUE EN ESA GALERÍA QUE SE MUDÓ A UN ESPACIO BIEN PEQUEÑO?
POR CIERTO, LÁSTIMA QUE NO TE INCLUYERON EN LA BIENAL DE POPOCHTLA COMO A MÍ...
BUENO, CUANDO UNO TIENE CIEN EXPOS SIMULTÁNEAS COMO YO, LAS BIENALES ME SOBRAN... PERO IMAGINO QUE PARA TÍ ES VITAL...
TANTAS EXPOS, Y POR AHÍ OÍ QUE NO HAS VENDIDO NADA EN DOS AÑOS... QUÉ DURO...
BUENO, LAS VENTAS IMPORTAN POCO CUANDO LA CRÍTICA TE APLASTA COMO LA QUE TE HIZO CUAUHTEMÓCSIN...
CLARO, LO BUENO ES QUE NUNCA NADIE HA ESCRITO SOBRE TU OBRA
PERO CREO QUE NUNCA HAS LOGRADO QUE TE PUBLIQUEN UN CATÁLOGO DE TU OBRA, VERDAD?
BUENO, SI TODAS MIS OBRAS FUERAN IDÉNTICAS ENTRE SÍ COMO LAS TUYAS, BASTARÍA CON SOLO REPRODUCIR UNA FOTO...
SIEMPRE ES EDIFICANTE ESCUCHAR A NUESTROS COLEGAS CUANDO HABLAN DE SU OBRA

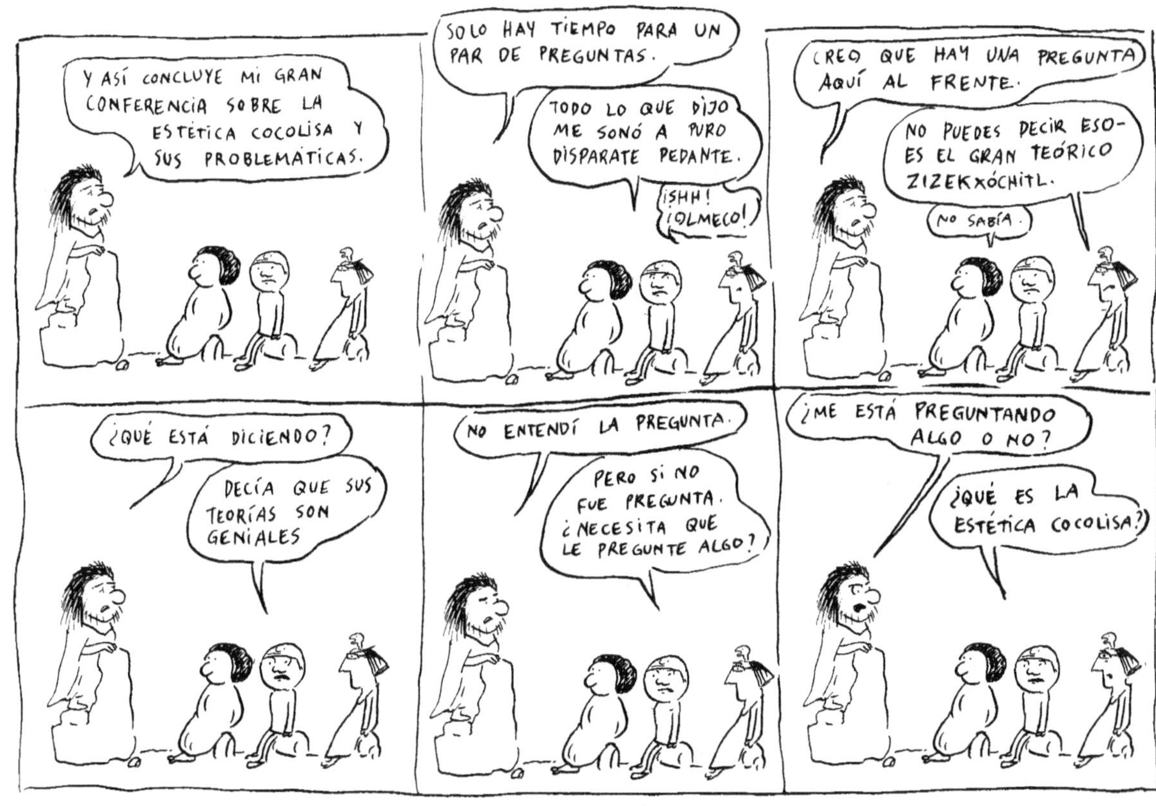
Y ASÍ CONCLUYE MI GRAN CONFERENCIA SOBRE LA ESTÉTICA COCOLISA Y SUS PROBLEMÁTICAS.
SOLO HAY TIEMPO PARA UN PAR DE PREGUNTAS.
TODO LO QUE DIJO ME SONÓ A PURO DISPARATE PEDANTE.
¡SHH! ¡OLMECO!
CREO QUE HAY UNA PREGUNTA AQUÍ AL FRENTE.
NO PUEDES DECIR ESO— ES EL GRAN TEÓRICO ZIZEKXÓCHITL.
NO SABÍA.
¿QUÉ ESTÁ DICIENDO?
DECÍA QUE SUS TEORÍAS SON GENIALES
NO ENTENDÍ LA PREGUNTA.
PERO SI NO FUE PREGUNTA. ¿NECESITA QUE LE PREGUNTE ALGO?
¿ME ESTÁ PREGUNTANDO ALGO O NO?
¿QUÉ ES LA ESTÉTICA COCOLISA?

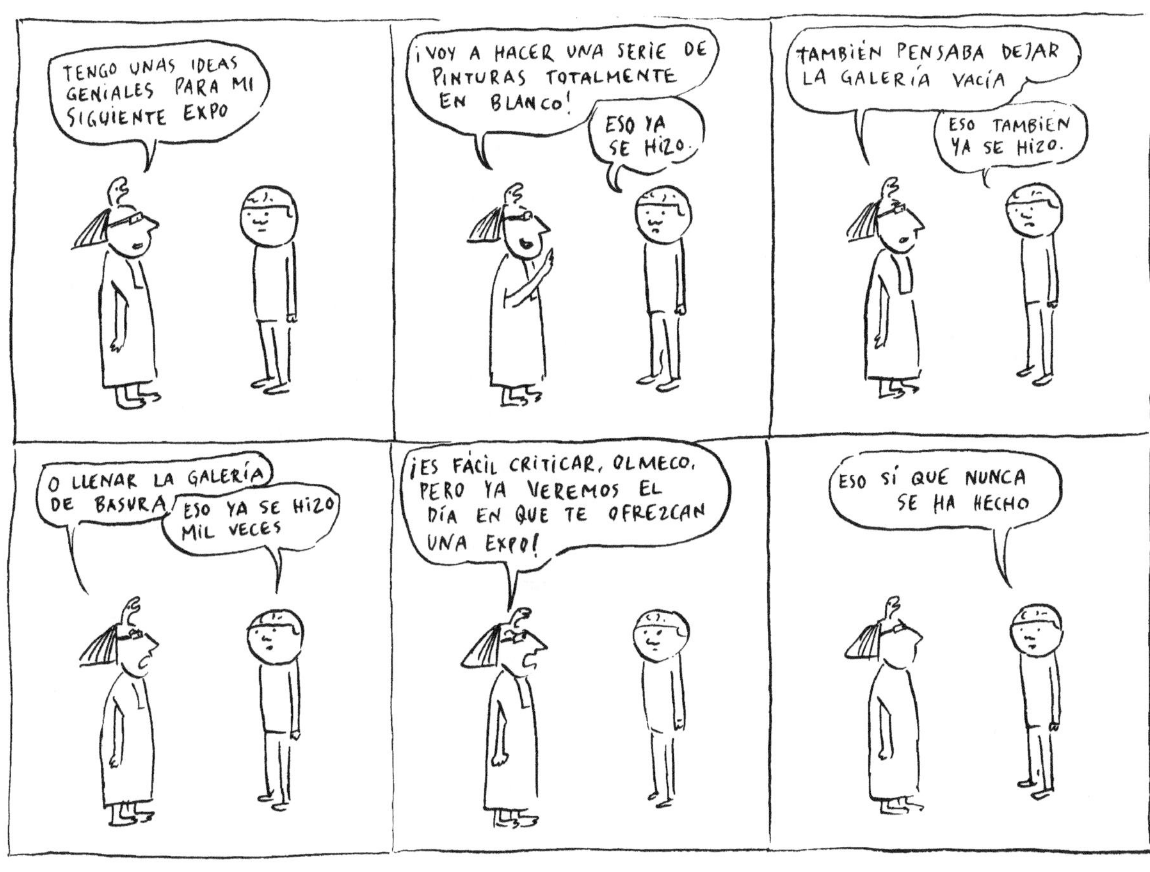
TENGO UNAS IDEAS GENIALES PARA MI SIGUIENTE EXPO
¡VOY A HACER UNA SERIE DE PINTURAS TOTALMENTE EN BLANCO!
ESO YA SE HIZO.
TAMBIÉN PENSABA DEJAR LA GALERÍA VACÍA
ESO TAMBIEN YA SE HIZO.
O LLENAR LA GALERÍA DE BASURA
ESO YA SE HIZO MIL VECES
¡ES FÁCIL CRITICAR, OLMECO, PERO YA VEREMOS EL DÍA EN QUE TE OFREZCAN UNA EXPO!
ESO SÍ QUE NUNCA SE HA HECHO

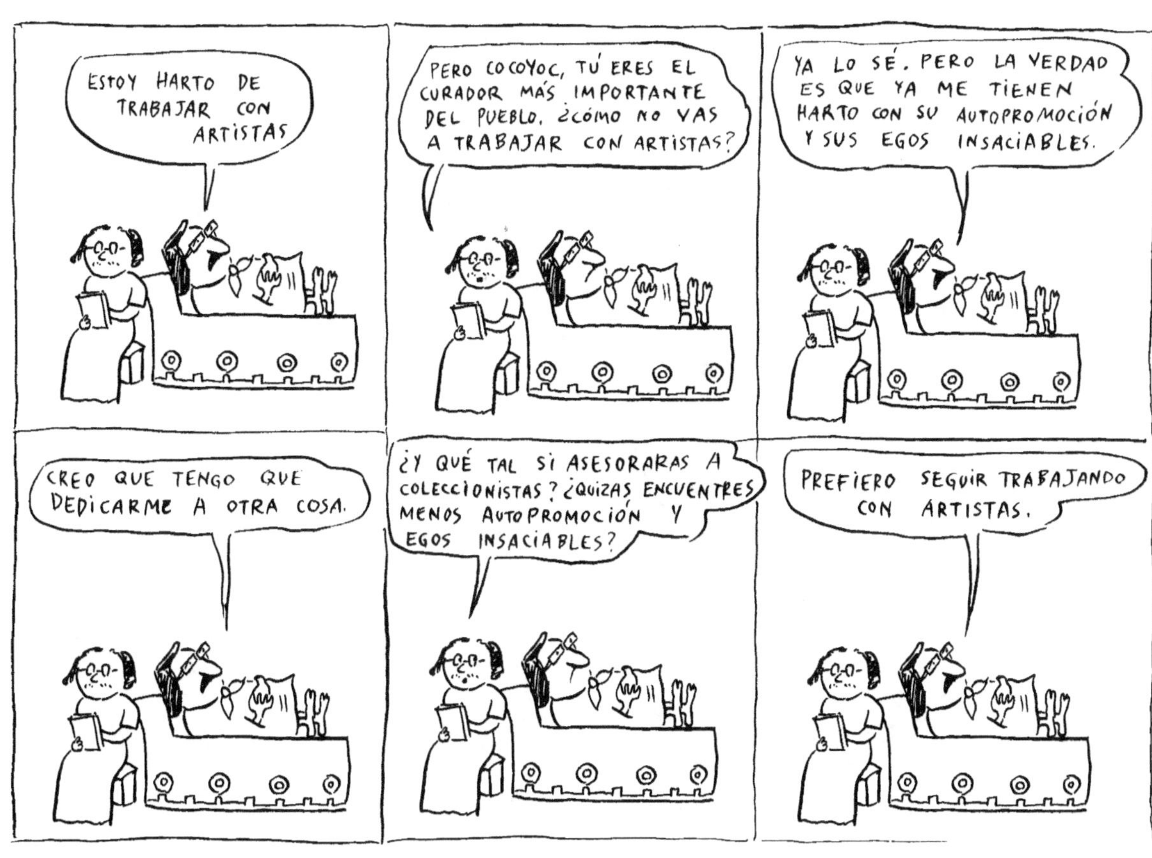
ESTOY HARTO DE TRABAJAR CON ARTISTAS
PERO COCOYOC, TÚ ERES EL CURADOR MÁS IMPORTANTE DEL PUEBLO. ¿CÓMO NO VAS A TRABAJAR CON ARTISTAS?
YA LO SÉ. PERO LA VERDAD ES QUE YA ME TIENEN HARTO CON SU AUTOPROMOCIÓN Y SUS EGOS INSACIABLES.
CREO QUE TENGO QUE DEDICARME A OTRA COSA.
¿Y QUÉ TAL SI ASESORARAS A COLECCIONISTAS? ¿QUIZÁS ENCUENTRES MENOS AUTOPROMOCIÓN Y EGOS INSACIABLES?
PREFIERO SEGUIR TRABAJANDO CON ARTISTAS.

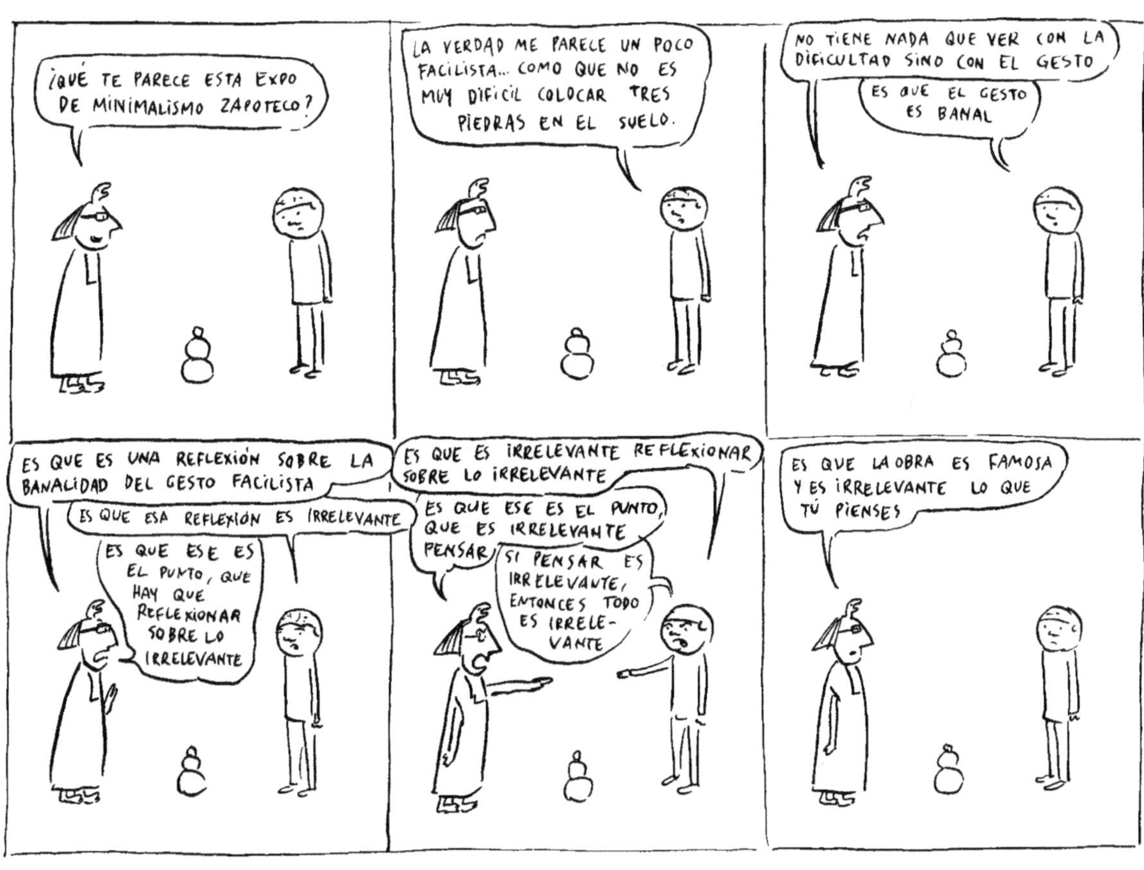
¿QUÉ TE PARECE ESTA EXPO DE MINIMALISMO ZAPOTECO?
LA VERDAD ME PARECE UN POCO FACILISTA... COMO QUE NO ES MUY DIFÍCIL COLOCAR TRES PIEDRAS EN EL SUELO.
NO TIENE NADA QUE VER CON LA DIFICULTAD SINO CON EL GESTO
ES QUE EL GESTO ES BANAL
ES QUE ES UNA REFLEXIÓN SOBRE LA BANALIDAD DEL GESTO FACILISTA
ES QUE ESA REFLEXIÓN ES IRRELEVANTE
ES QUE ESE ES EL PUNTO, QUE HAY QUE REFLEXIONAR SOBRE LO IRRELEVANTE
ES QUE ES IRRELEVANTE REFLEXIONAR SOBRE LO IRRELEVANTE
ES QUE ESE ES EL PUNTO, QUE ES IRRELEVANTE PENSAR
SI PENSAR ES IRRELEVANTE, ENTONCES TODO ES IRRELE-VANTE
ES QUE LA OBRA ES FAMOSA Y ES IRRELEVANTE LO QUE TÚ PIENSES

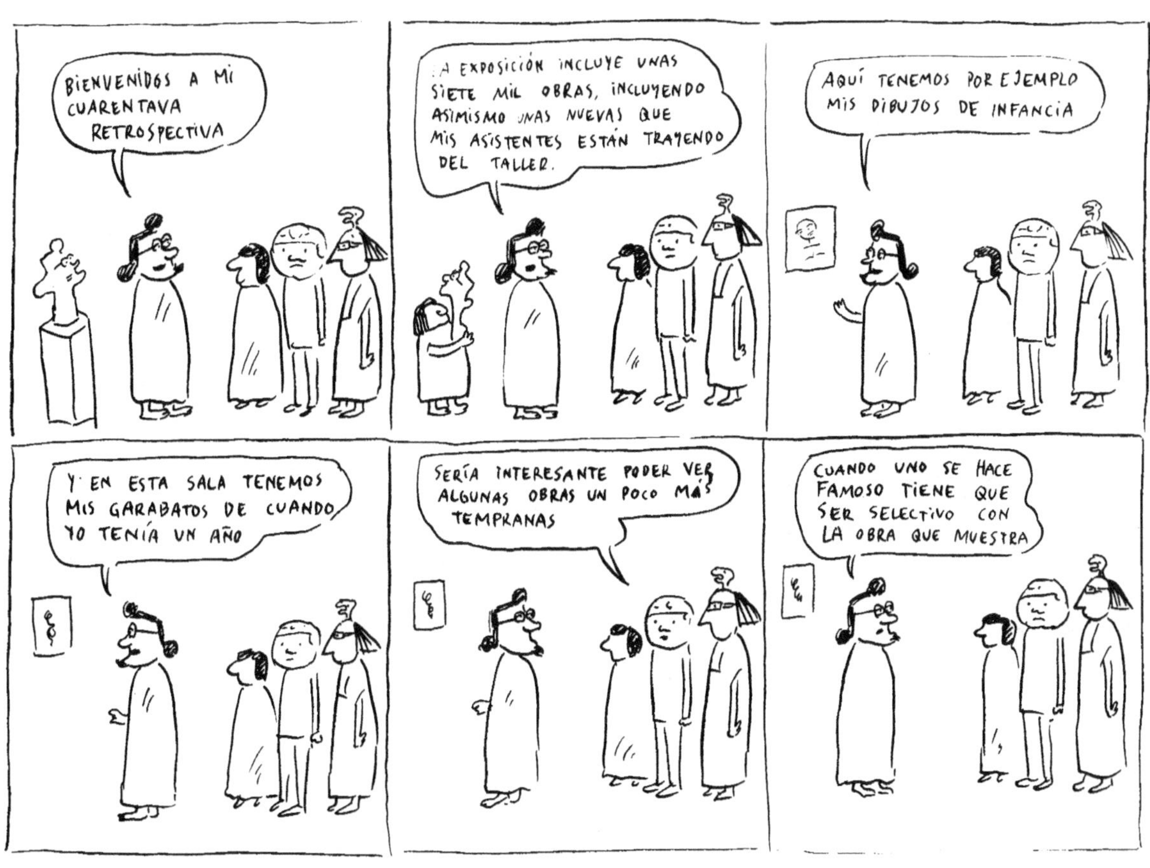
BIENVENIDOS A MI CUARENTAVA RETROSPECTIVA
LA EXPOSICIÓN INCLUYE UNAS SIETE MIL OBRAS, INCLUYENDO ASIMISMO UNAS NUEVAS QUE MIS ASISTENTES ESTÁN TRAYENDO DEL TALLER.
AQUÍ TENEMOS POR EJEMPLO MIS DIBUJOS DE INFANCIA
Y EN ESTA SALA TENEMOS MIS GARABATOS DE CUANDO YO TENÍA UN AÑO
SERÍA INTERESANTE PODER VER ALGUNAS OBRAS UN POCO MÁS TEMPRANAS
CUANDO UNO SE HACE FAMOSO TIENE QUE SER SELECTIVO CON LA OBRA QUE MUESTRA

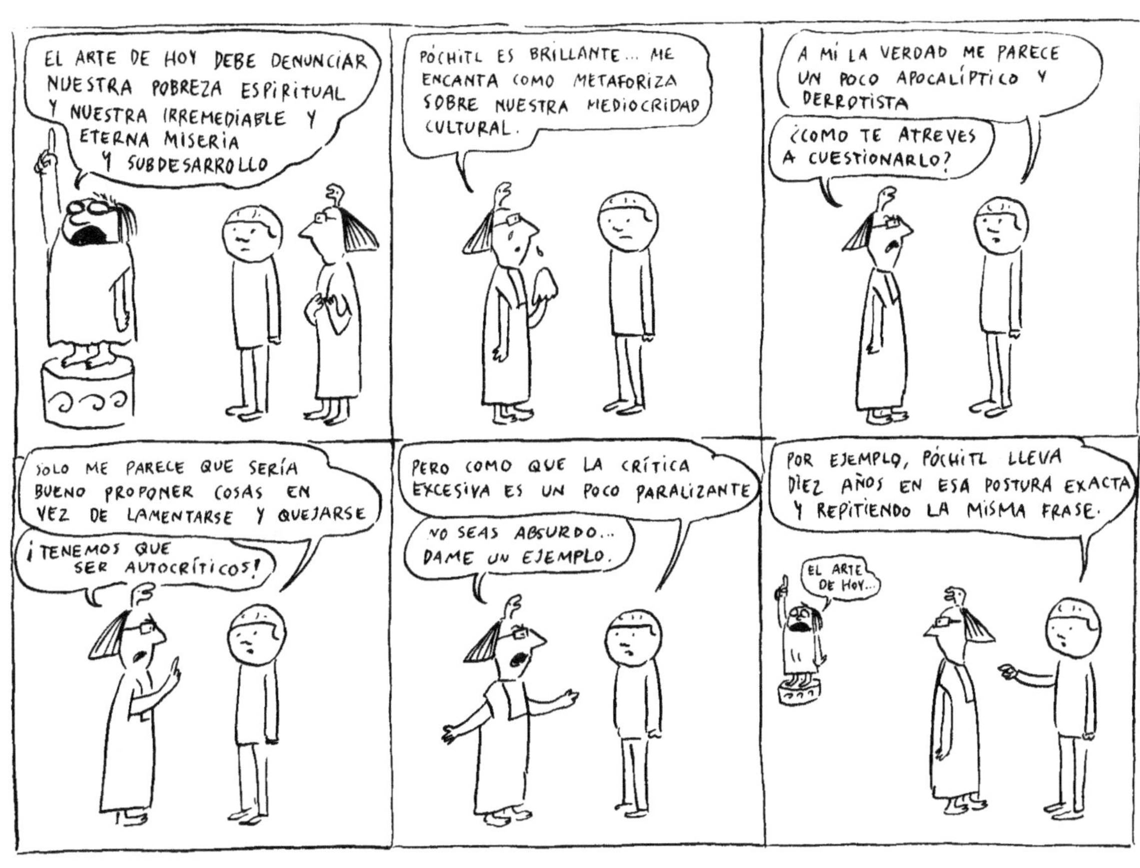
EL ARTE DE HOY DEBE DENUNCIAR NUESTRA POBREZA ESPIRITUAL Y NUESTRA IRREMEDIABLE Y ETERNA MISERIA Y SUBDESARROLLO
PÓCHITL ES BRILLANTE... ME ENCANTA COMO METAFORIZA SOBRE NUESTRA MEDIOCRIDAD CULTURAL.
A MÍ LA VERDAD ME PARECE UN POCO APOCALÍPTICO Y DERROTISTA
¿COMO TE ATREVES A CUESTIONARLO?
SOLO ME PARECE QUE SERÍA BUENO PROPONER COSAS EN VEZ DE LAMENTARSE Y QUEJARSE
¡TENEMOS QUE SER AUTOCRÍTICOS!
PERO COMO QUE LA CRÍTICA EXCESIVA ES UN POCO PARALIZANTE
NO SEAS ABSURDO... DAME UN EJEMPLO.
POR EJEMPLO, PÓCHITL LLEVA DIEZ AÑOS EN ESA POSTURA EXACTA Y REPITIENDO LA MISMA FRASE.
EL ARTE DE HOY...

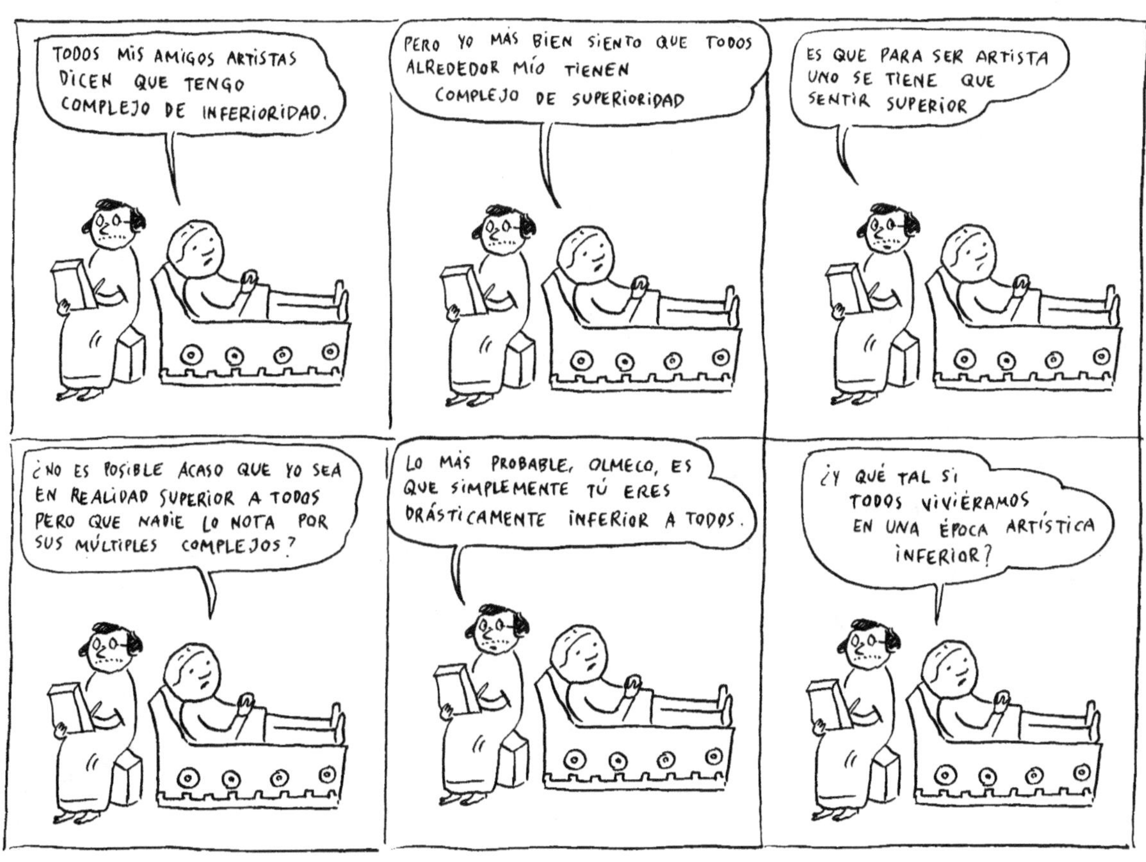
TODOS MIS AMIGOS ARTISTAS DICEN QUE TENGO COMPLEJO DE INFERIORIDAD.
PERO YO MÁS BIEN SIENTO QUE TODOS ALREDEDOR MÍO TIENEN COMPLEJO DE SUPERIORIDAD
ES QUE PARA SER ARTISTA UNO SE TIENE QUE SENTIR SUPERIOR
¿NO ES POSIBLE ACASO QUE YO SEA EN REALIDAD SUPERIOR A TODOS PERO QUE NADIE LO NOTA POR SUS MÚLTIPLES COMPLEJOS?
LO MÁS PROBABLE, OLMECO, ES QUE SIMPLEMENTE TÚ ERES DRÁSTICAMENTE INFERIOR A TODOS.
¿Y QUÉ TAL SI TODOS VIVIÉRAMOS EN UNA ÉPOCA ARTÍSTICA INFERIOR?

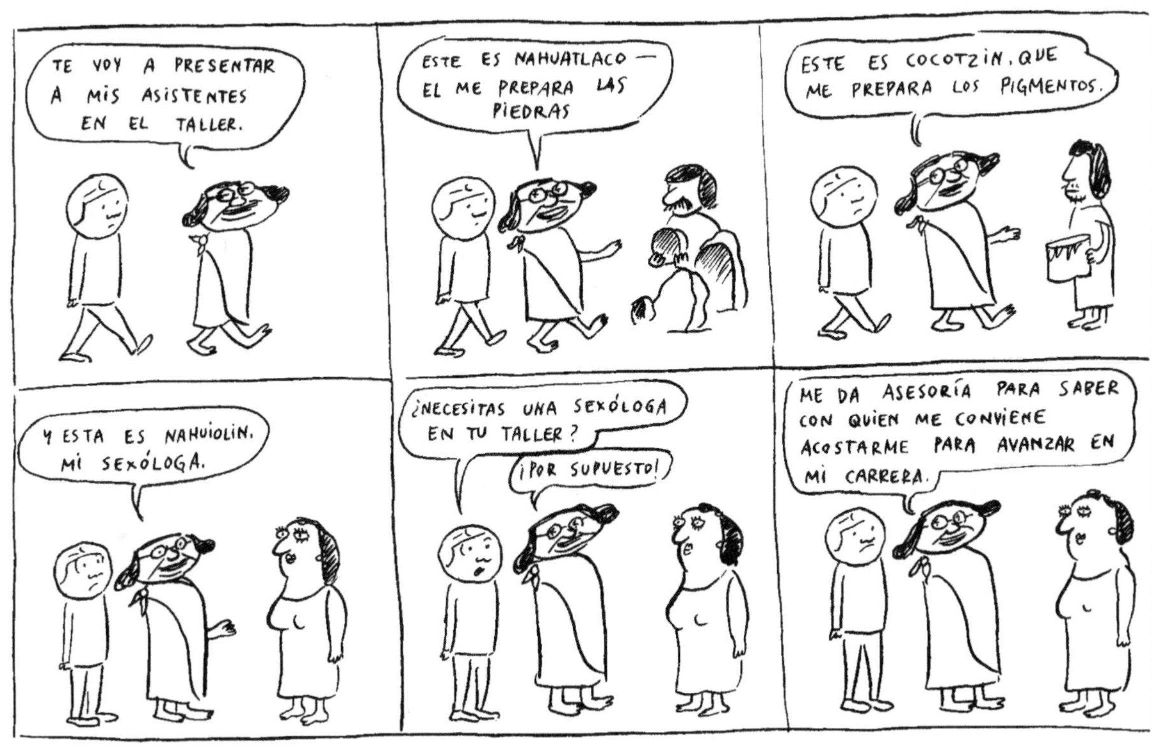
TE VOY A PRESENTAR A MIS ASISTENTES EN EL TALLER.
ESTE ES NAHUATLACO — EL ME PREPARA LAS PIEDRAS
ESTE ES COCOTZIN, QUE ME PREPARA LOS PIGMENTOS.
Y ESTA ES NAHUIOLIN, MI SEXÓLOGA.
¿NECESITAS UNA SEXÓLOGA EN TU TALLER?
¡POR SUPUESTO!
ME DA ASESORÍA PARA SABER CON QUIEN ME CONVIENE ACOSTARME PARA AVANZAR EN MI CARRERA.

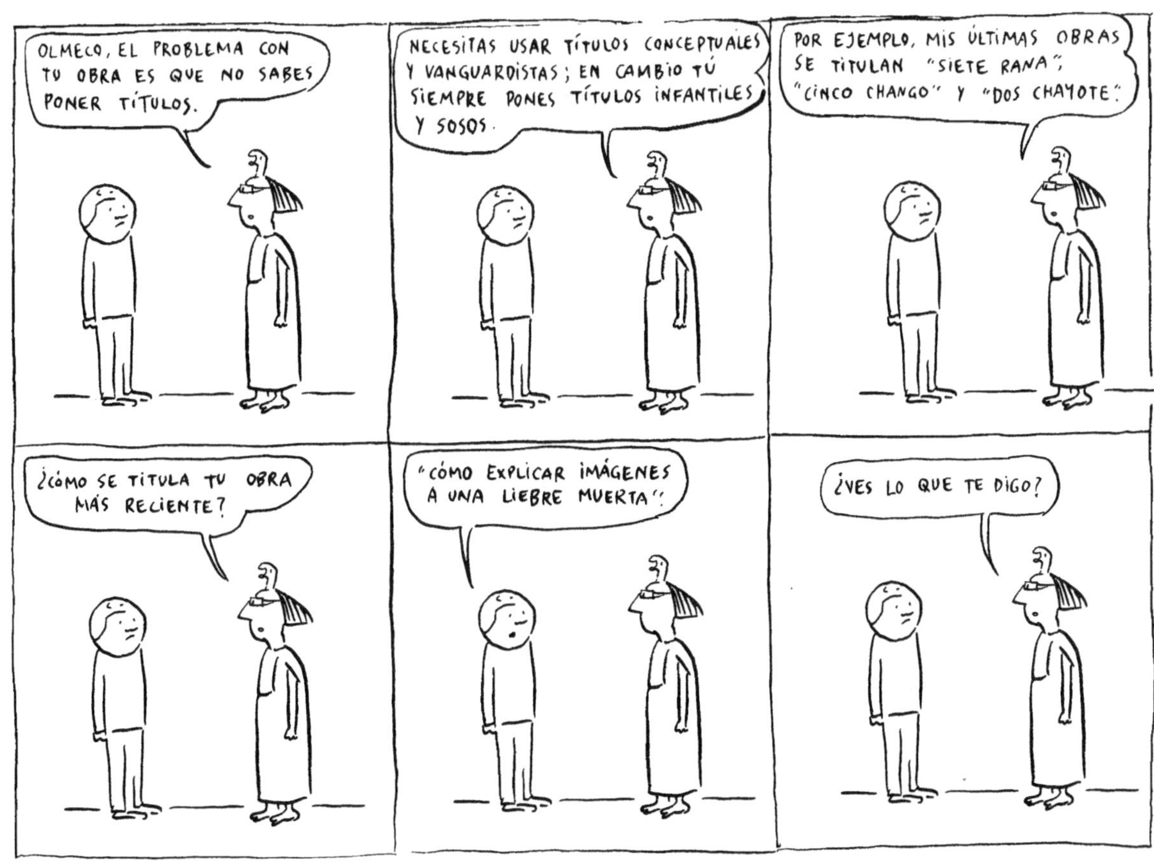
OLMECO, EL PROBLEMA CON TU OBRA ES QUE NO SABES PONER TÍTULOS.
NECESITAS USAR TÍTULOS CONCEPTUALES Y VANGUARDISTAS; EN CAMBIO TÚ SIEMPRE PONES TÍTULOS INFANTILES Y SOSOS.
POR EJEMPLO, MIS ÚLTIMAS OBRAS SE TITULAN "SIETE RANA", "CINCO CHANGO" Y "DOS CHAYOTE".
¿CÓMO SE TITULA TU OBRA MÁS RECIENTE?
"CÓMO EXPLICAR IMÁGENES A UNA LIEBRE MUERTA".
¿VES LO QUE TE DIGO?

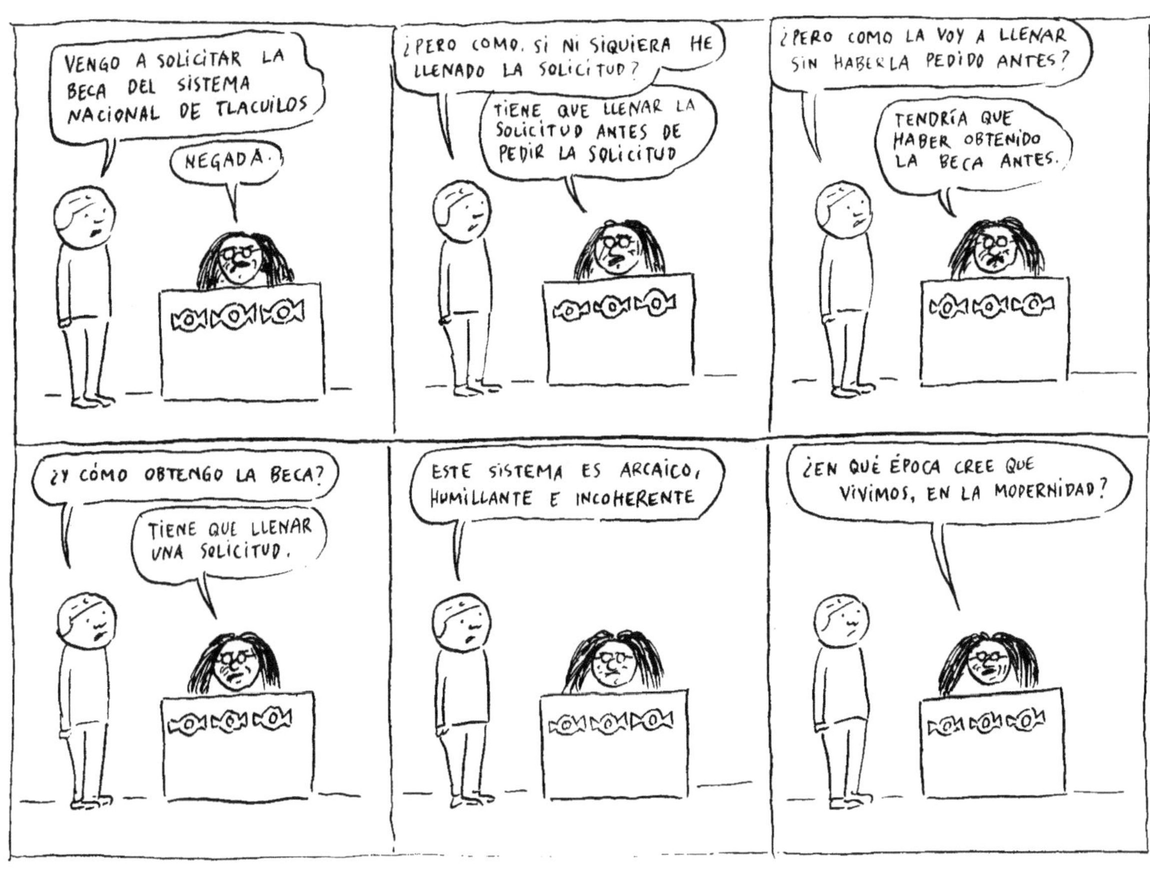
VENGO A SOLICITAR LA BECA DEL SISTEMA NACIONAL DE TLACUILOS
NEGADA.
¿PERO COMO, SI NI SIQUIERA HE LLENADO LA SOLICITUD?
TIENE QUE LLENAR LA SOLICITUD ANTES DE PEDIR LA SOLICITUD
¿PERO COMO LA VOY A LLENAR SIN HABERLA PEDIDO ANTES?
TENDRÍA QUE HABER OBTENIDO LA BECA ANTES.
¿Y CÓMO OBTENGO LA BECA?
TIENE QUE LLENAR UNA SOLICITUD.
ESTE SISTEMA ES ARCAICO, HUMILLANTE E INCOHERENTE
¿EN QUÉ ÉPOCA CREE QUE VIVIMOS, EN LA MODERNIDAD?

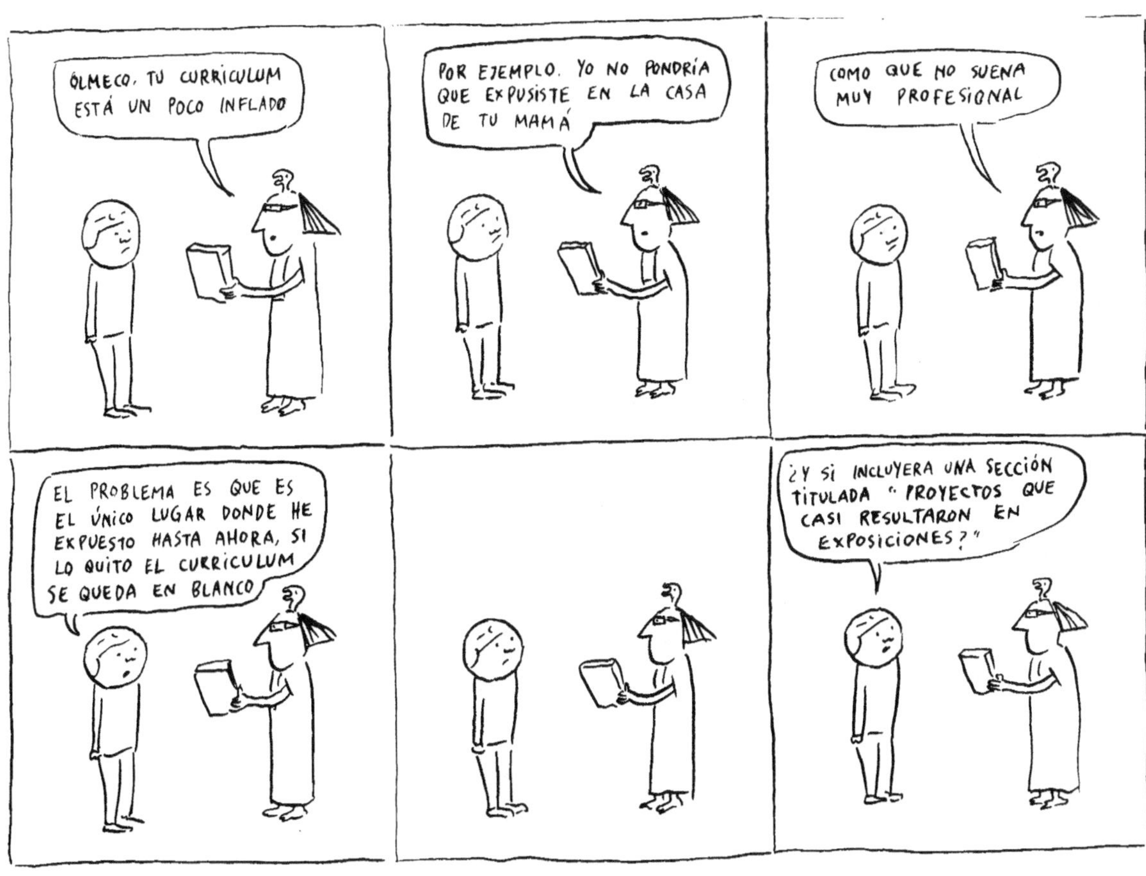
ÓLMECO, TU CURRÍCULUM ESTÁ UN POCO INFLADO
POR EJEMPLO, YO NO PONDRÍA QUE EXPUSISTE EN LA CASA DE TU MAMÁ
COMO QUE NO SUENA MUY PROFESIONAL
EL PROBLEMA ES QUE ES EL ÚNICO LUGAR DONDE HE EXPUESTO HASTA AHORA, SI LO QUITO EL CURRÍCULUM SE QUEDA EN BLANCO
¿Y SI INCLUYERA UNA SECCIÓN TITULADA "PROYECTOS QUE CASI RESULTARON EN EXPOSICIONES?"

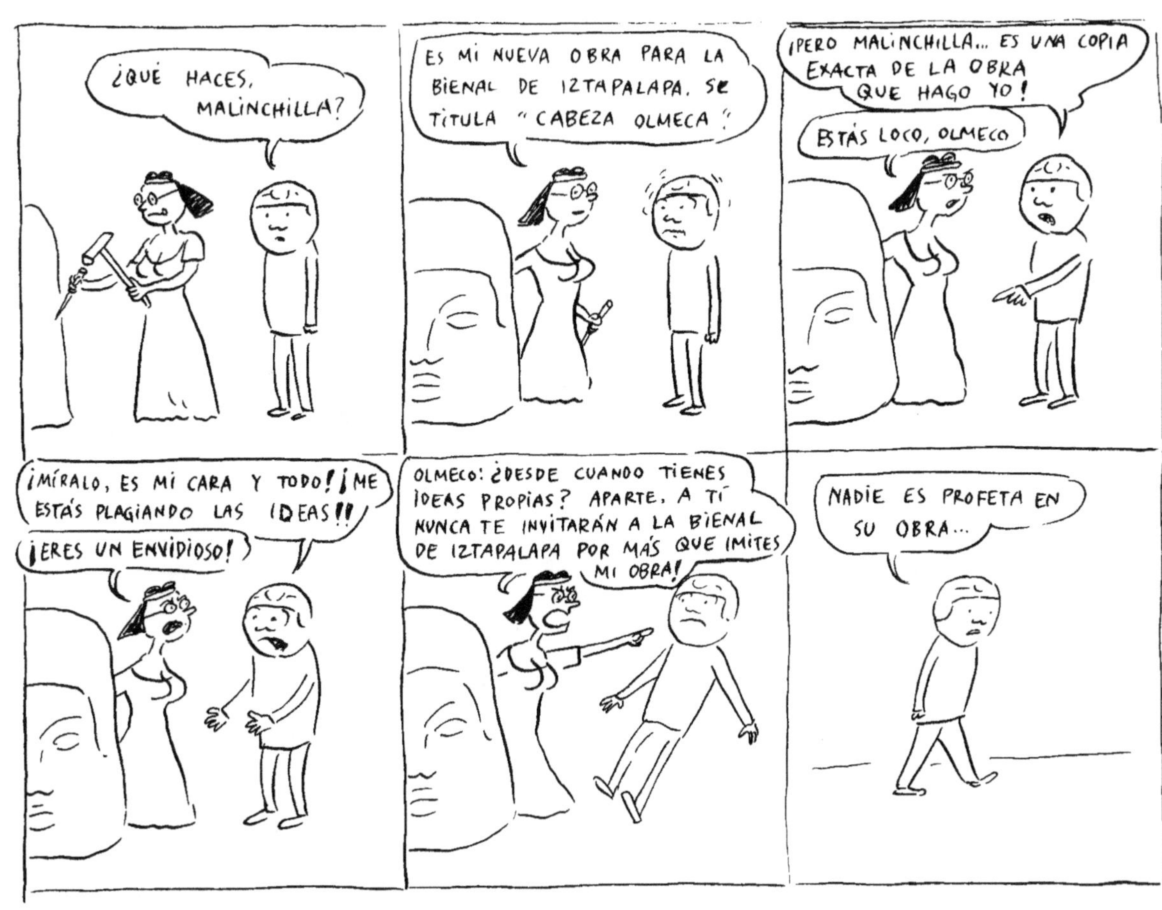
¿QUÉ HACES, MALINCHILLA?
ES MI NUEVA OBRA PARA LA BIENAL DE IZTAPALAPA. SE TITULA "CABEZA OLMECA".
¡PERO MALINCHILLA... ES UNA COPIA EXACTA DE LA OBRA QUE HAGO YO!
ESTÁS LOCO, OLMECO
¡MÍRALO, ES MI CARA Y TODO! ¡ME ESTÁS PLAGIANDO LAS IDEAS!!
¡ERES UN ENVIDIOSO!
OLMECO: ¿DESDE CUANDO TIENES IDEAS PROPIAS? APARTE, A TÍ NUNCA TE INVITARÁN A LA BIENAL DE IZTAPALAPA POR MÁS QUE IMITES MI OBRA!
NADIE ES PROFETA EN SU OBRA...

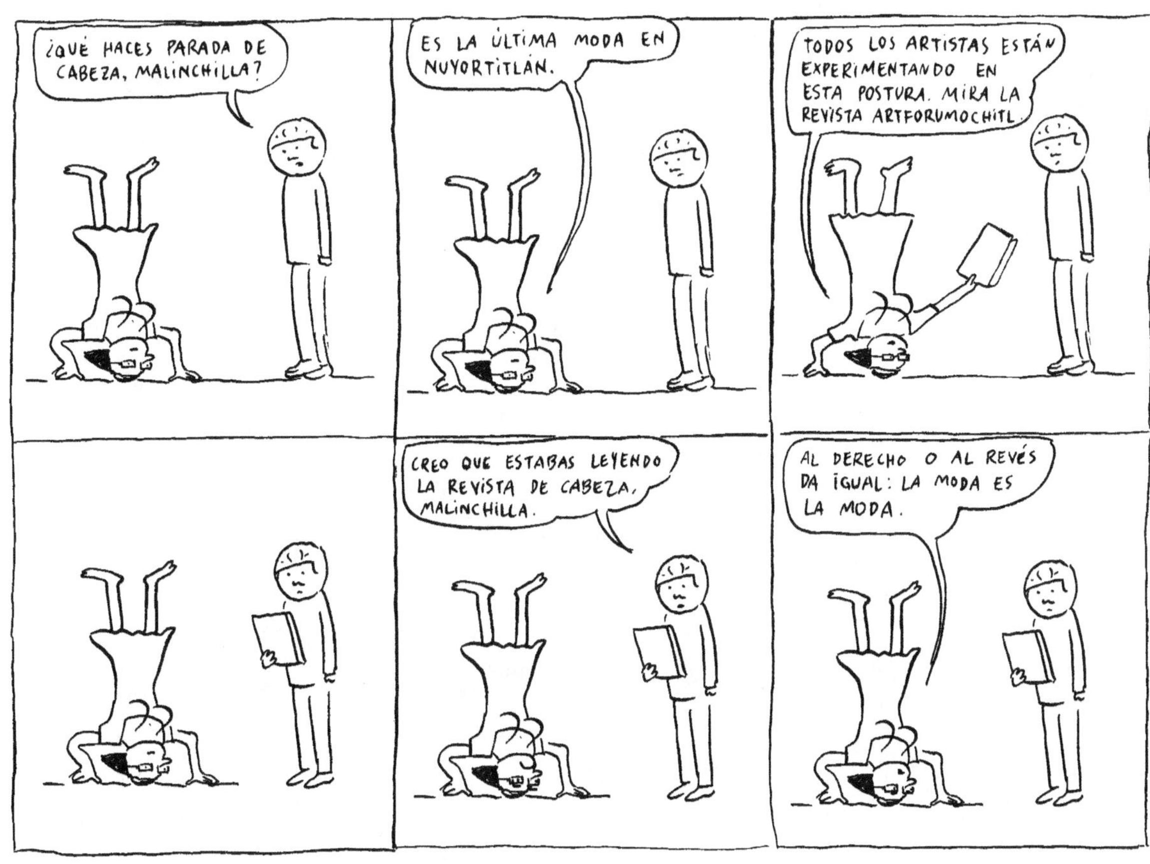
¿QUÉ HACES PARADA DE CABEZA, MALINCHILLA?
ES LA ÚLTIMA MODA EN NUYORTITLÁN.
TODOS LOS ARTISTAS ESTÁN EXPERIMENTANDO EN ESTA POSTURA. MIRA LA REVISTA ARTFORUMOCHITL.
CREO QUE ESTABAS LEYENDO LA REVISTA DE CABEZA, MALINCHILLA.
AL DERECHO O AL REVÉS DA IGUAL: LA MODA ES LA MODA.

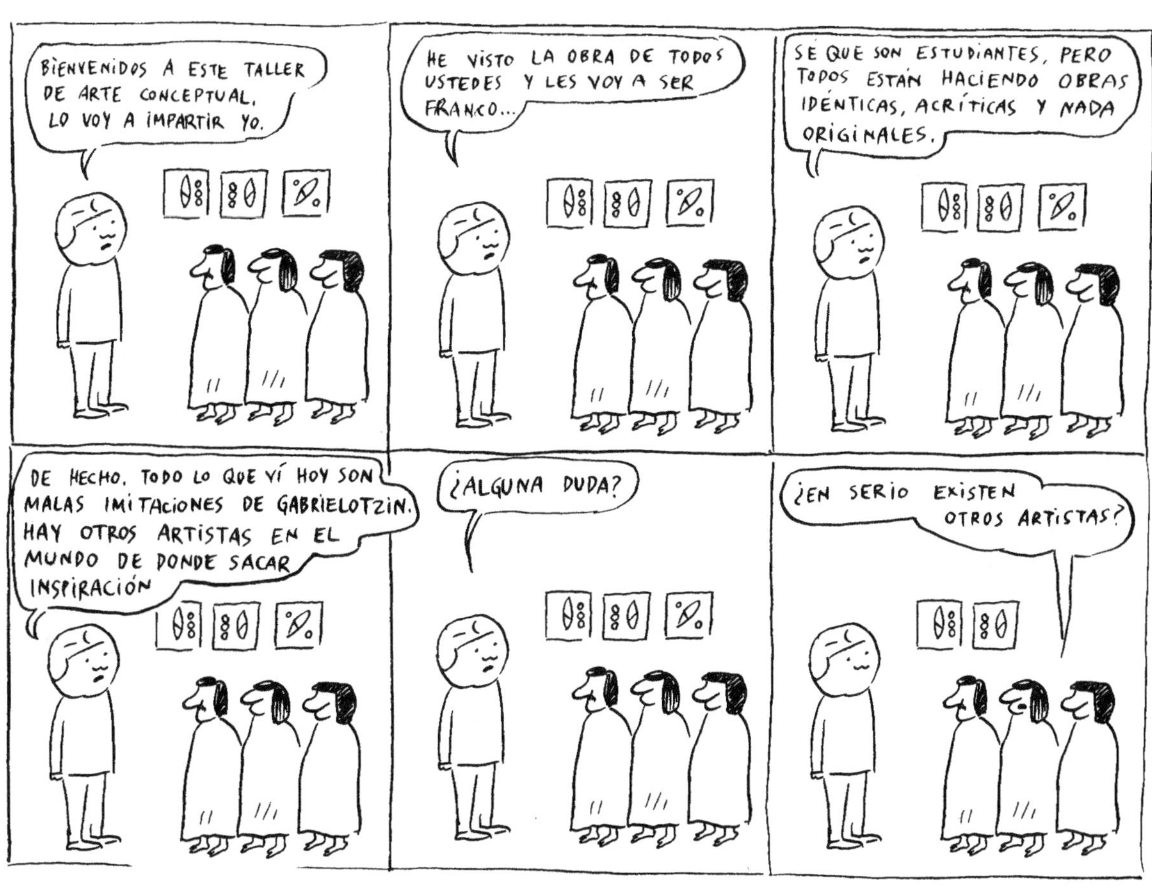
BIENVENIDOS A ESTE TALLER DE ARTE CONCEPTUAL, LO VOY A IMPARTIR YO.
HE VISTO LA OBRA DE TODOS USTEDES Y LES VOY A SER FRANCO...
SÉ QUE SON ESTUDIANTES, PERO TODOS ESTÁN HACIENDO OBRAS IDÉNTICAS, ACRÍTICAS Y NADA ORIGINALES.
DE HECHO, TODO LO QUE VÍ HOY SON MALAS IMITACIONES DE GABRIELOTZIN. HAY OTROS ARTISTAS EN EL MUNDO DE DONDE SACAR INSPIRACIÓN
¿ALGUNA DUDA?
¿EN SERIO EXISTEN OTROS ARTISTAS?

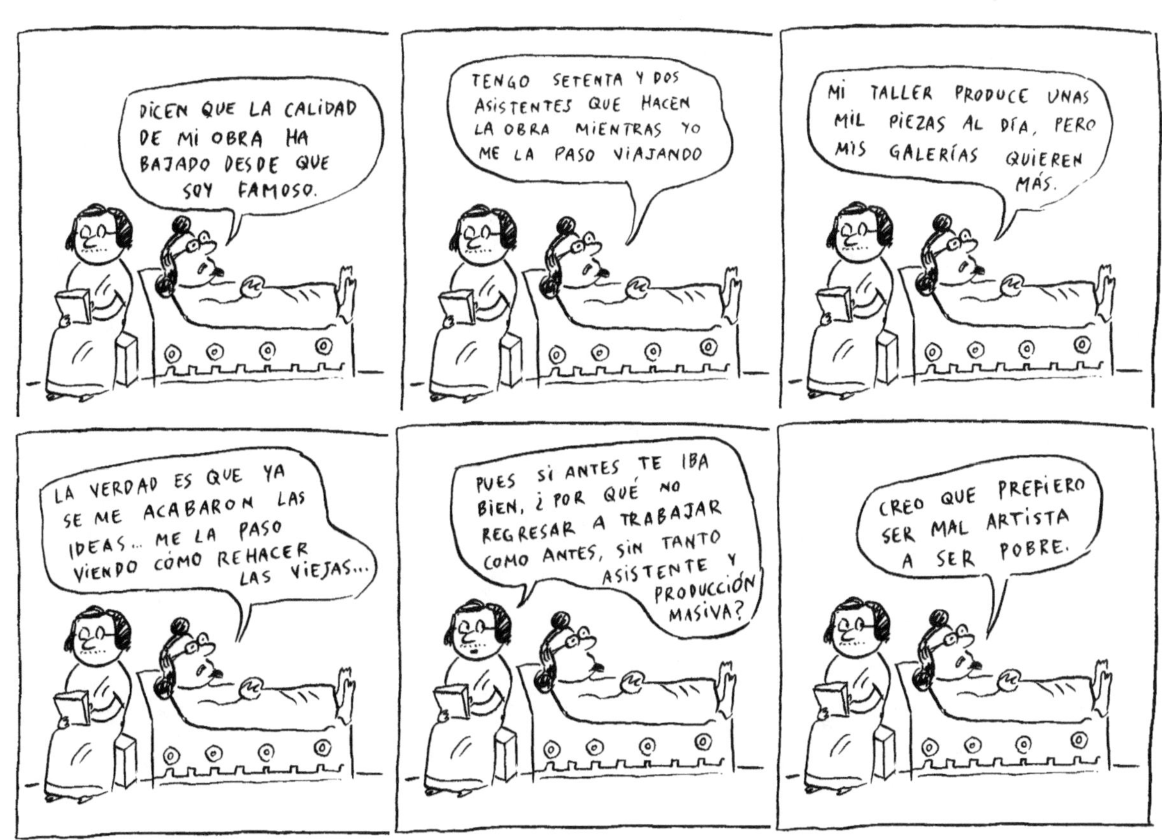
DICEN QUE LA CALIDAD DE MI OBRA HA BAJADO DESDE QUE SOY FAMOSO.
TENGO SETENTA Y DOS ASISTENTES QUE HACEN LA OBRA MIENTRAS YO ME LA PASO VIAJANDO
MI TALLER PRODUCE UNAS MIL PIEZAS AL DÍA, PERO MIS GALERÍAS QUIEREN MÁS.
LA VERDAD ES QUE YA SE ME ACABARON LAS IDEAS... ME LA PASO VIENDO CÓMO REHACER LAS VIEJAS...
PUES SI ANTES TE IBA BIEN, ¿POR QUÉ NO REGRESAR A TRABAJAR COMO ANTES, SIN TANTO ASISTENTE Y PRODUCCIÓN MASIVA?
CREO QUE PREFIERO SER MAL ARTISTA A SER POBRE.

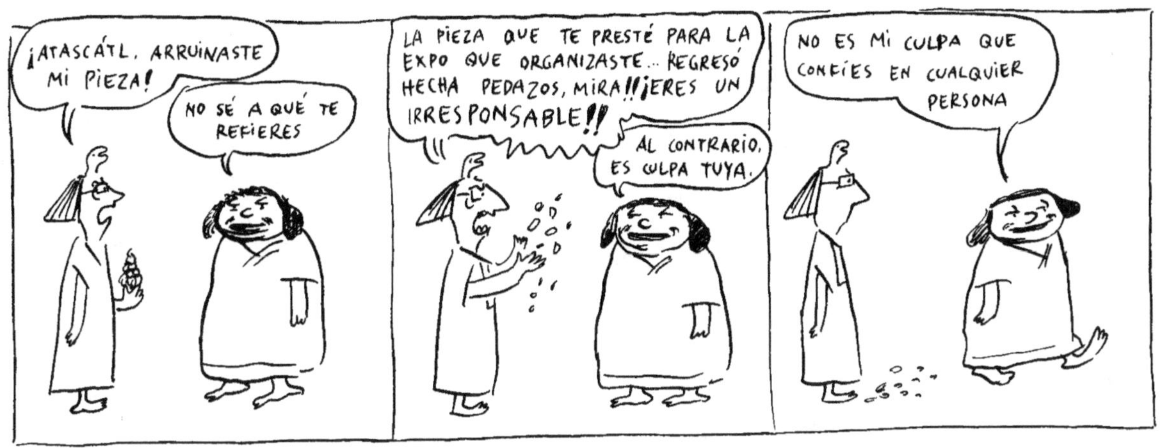
¡ATASCÁTL, ARRUINASTE MI PIEZA!
NO SÉ A QUÉ TE REFIERES
LA PIEZA QUE TE PRESTÉ PARA LA EXPO QUE ORGANIZASTE... REGRESÓ HECHA PEDAZOS, MIRA!! ¡ERES UN IRRESPONSABLE!!
AL CONTRARIO, ES CULPA TUYA.
NO ES MI CULPA QUE CONFÍES EN CUALQUIER PERSONA

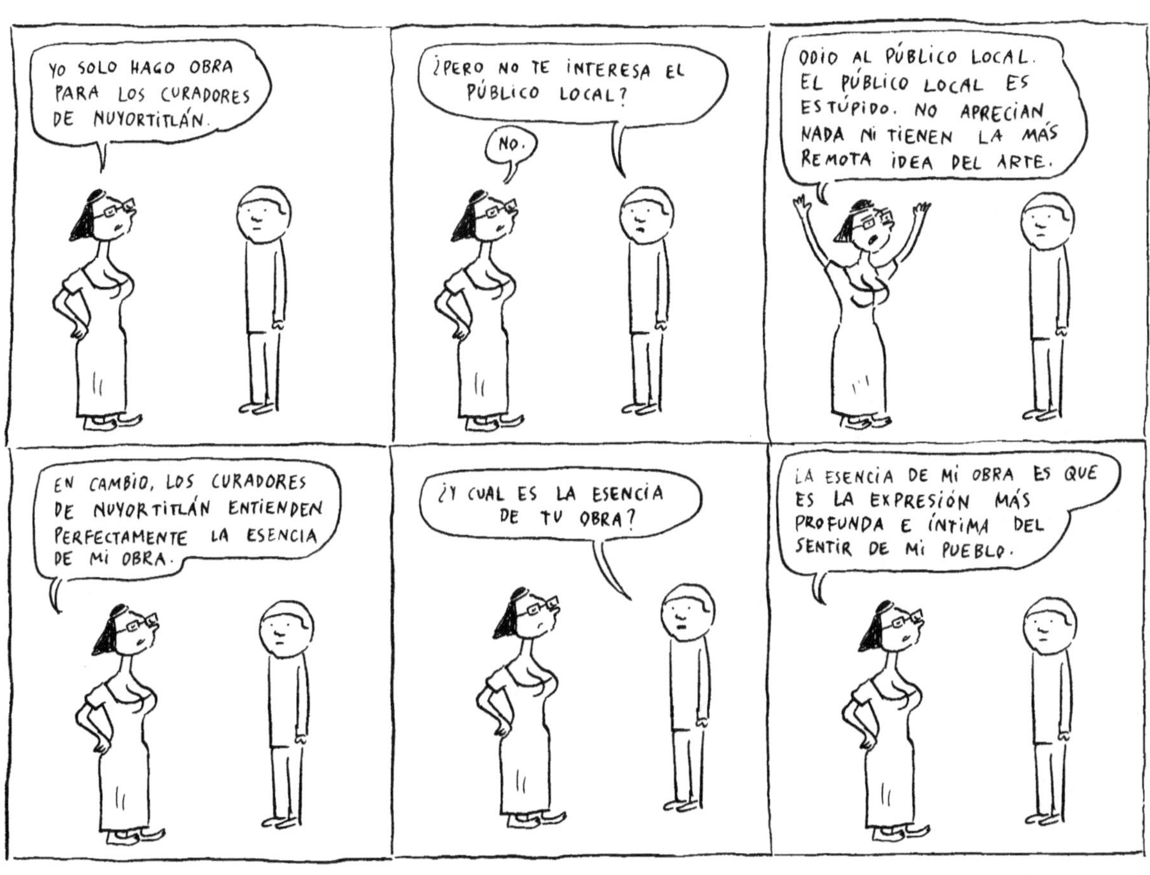
YO SOLO HAGO OBRA PARA LOS CURADORES DE NUYORTITLÁN.
¿PERO NO TE INTERESA EL PÚBLICO LOCAL?
NO.
ODIO AL PÚBLICO LOCAL. EL PÚBLICO LOCAL ES ESTÚPIDO. NO APRECIAN NADA NI TIENEN LA MÁS REMOTA IDEA DEL ARTE.
EN CAMBIO, LOS CURADORES DE NUYORTITLÁN ENTIENDEN PERFECTAMENTE LA ESENCIA DE MI OBRA.
¿Y CUAL ES LA ESENCIA DE TU OBRA?
LA ESENCIA DE MI OBRA ES QUE ES LA EXPRESIÓN MÁS PROFUNDA E ÍNTIMA DEL SENTIR DE MI PUEBLO.

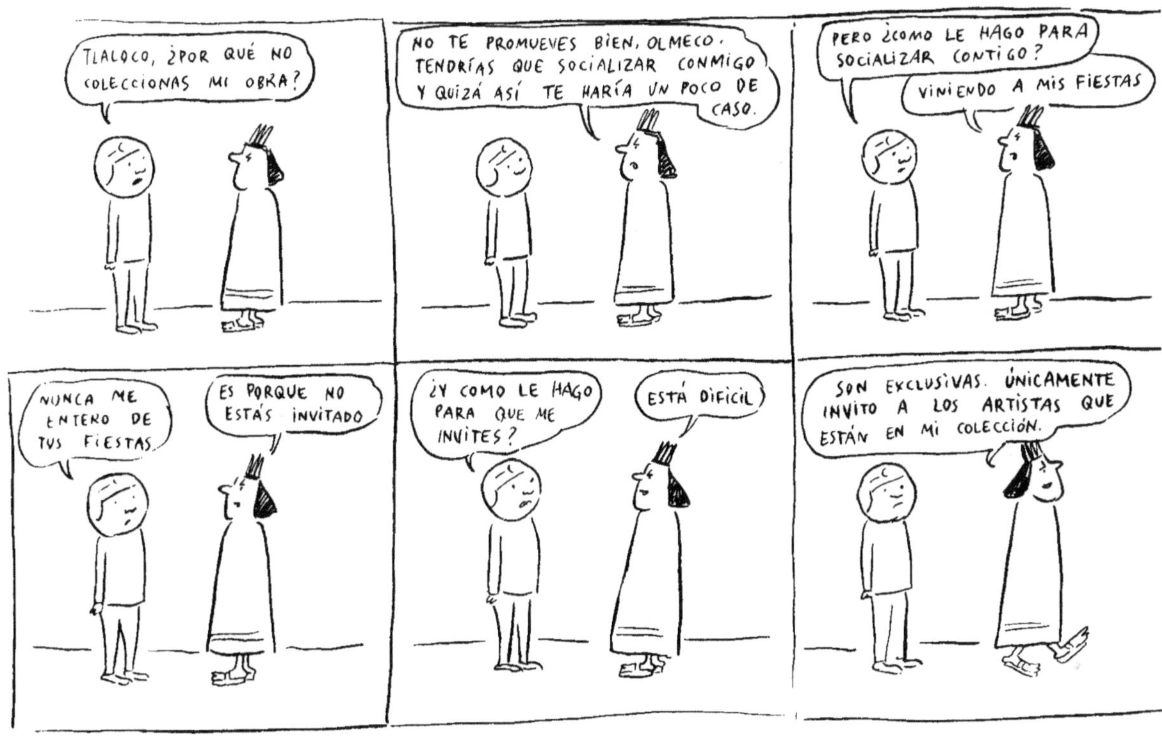
TLALOCO, ¿POR QUÉ NO COLECCIONAS MI OBRA?
NO TE PROMUEVES BIEN, OLMECO. TENDRÍAS QUE SOCIALIZAR CONMIGO Y QUIZÁ ASÍ TE HARÍA UN POCO DE CASO.
PERO ¿COMO LE HAGO PARA SOCIALIZAR CONTIGO?
VINIENDO A MIS FIESTAS
NUNCA ME ENTERO DE TUS FIESTAS.
ES PORQUE NO ESTÁS INVITADO
¿Y COMO LE HAGO PARA QUE ME INVITES?
ESTÁ DIFICIL
SON EXCLUSIVAS. ÚNICAMENTE INVITO A LOS ARTISTAS QUE ESTÁN EN MI COLECCIÓN.

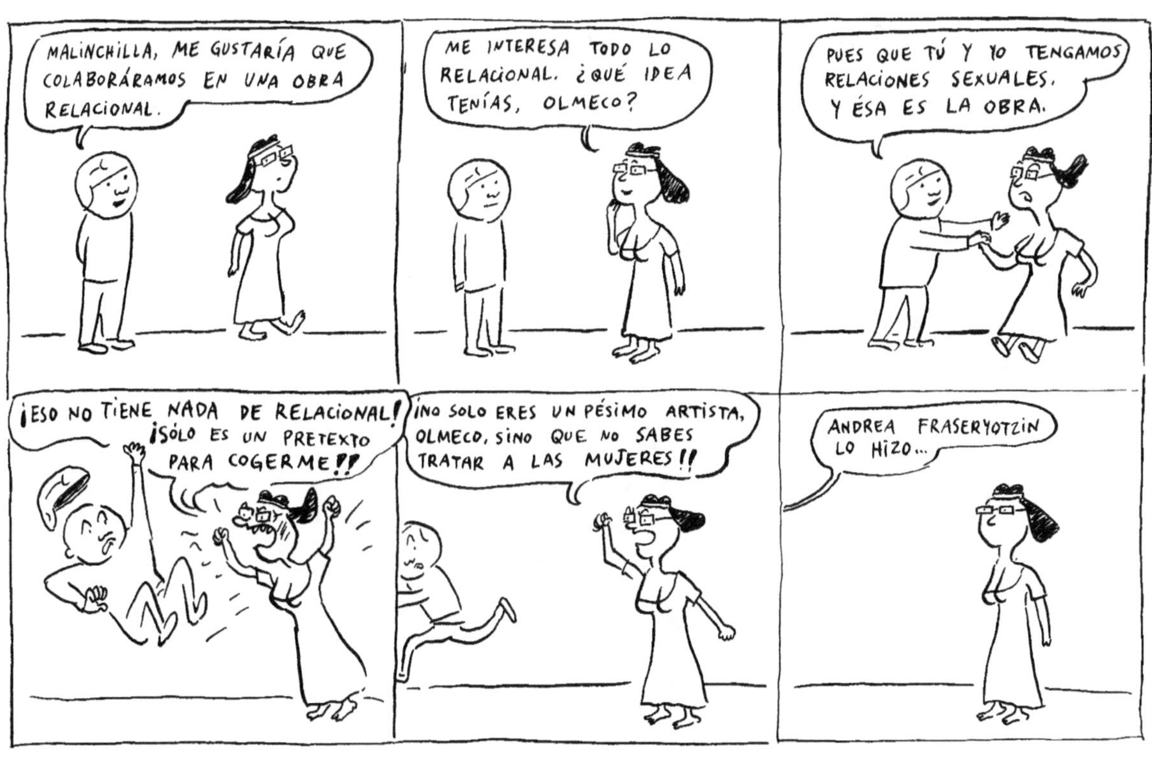
MALINCHILLA, ME GUSTARÍA QUE COLABORÁRAMOS EN UNA OBRA RELACIONAL.
ME INTERESA TODO LO RELACIONAL. ¿QUÉ IDEA TENÍAS, OLMECO?
PUES QUE TÚ Y YO TENGAMOS RELACIONES SEXUALES. Y ÉSA ES LA OBRA.
¡ESO NO TIENE NADA DE RELACIONAL! ¡SÓLO ES UN PRETEXTO PARA COGERME!!
¡NO SOLO ERES UN PÉSIMO ARTISTA, OLMECO, SINO QUE NO SABES TRATAR A LAS MUJERES!!
ANDREA FRASERYOTZIN LO HIZO...

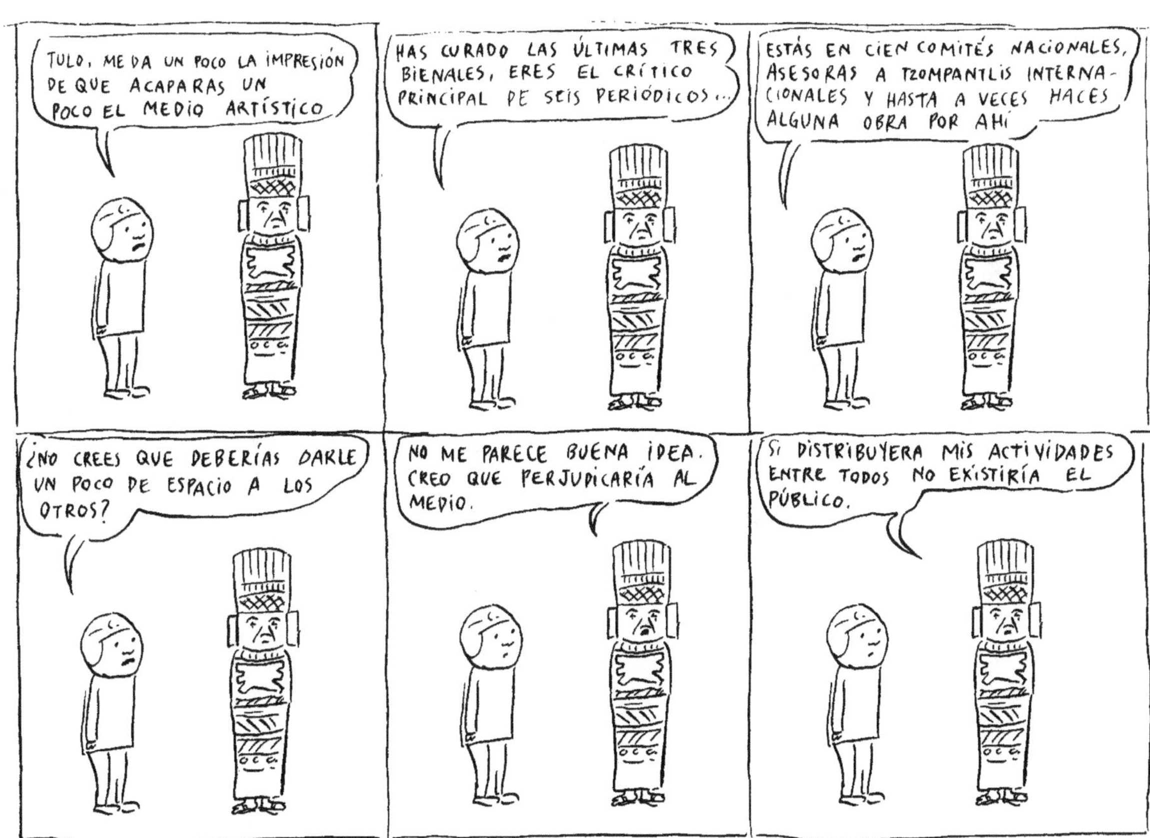
TULO, ME DA UN POCO LA IMPRESIÓN DE QUE ACAPARAS UN POCO EL MEDIO ARTÍSTICO
HAS CURADO LAS ÚLTIMAS TRES BIENALES, ERES EL CRÍTICO PRINCIPAL DE SEIS PERIÓDICOS...
ESTÁS EN CIEN COMITÉS NACIONALES, ASESORAS A TZOMPANTLIS INTERNACIONALES Y HASTA A VECES HACES ALGUNA OBRA POR AHÍ
¿NO CREES QUE DEBERÍAS DARLE UN POCO DE ESPACIO A LOS OTROS?
NO ME PARECE BUENA IDEA. CREO QUE PERJUDICARÍA AL MEDIO.
SI DISTRIBUYERA MIS ACTIVIDADES ENTRE TODOS NO EXISTIRÍA EL PÚBLICO.

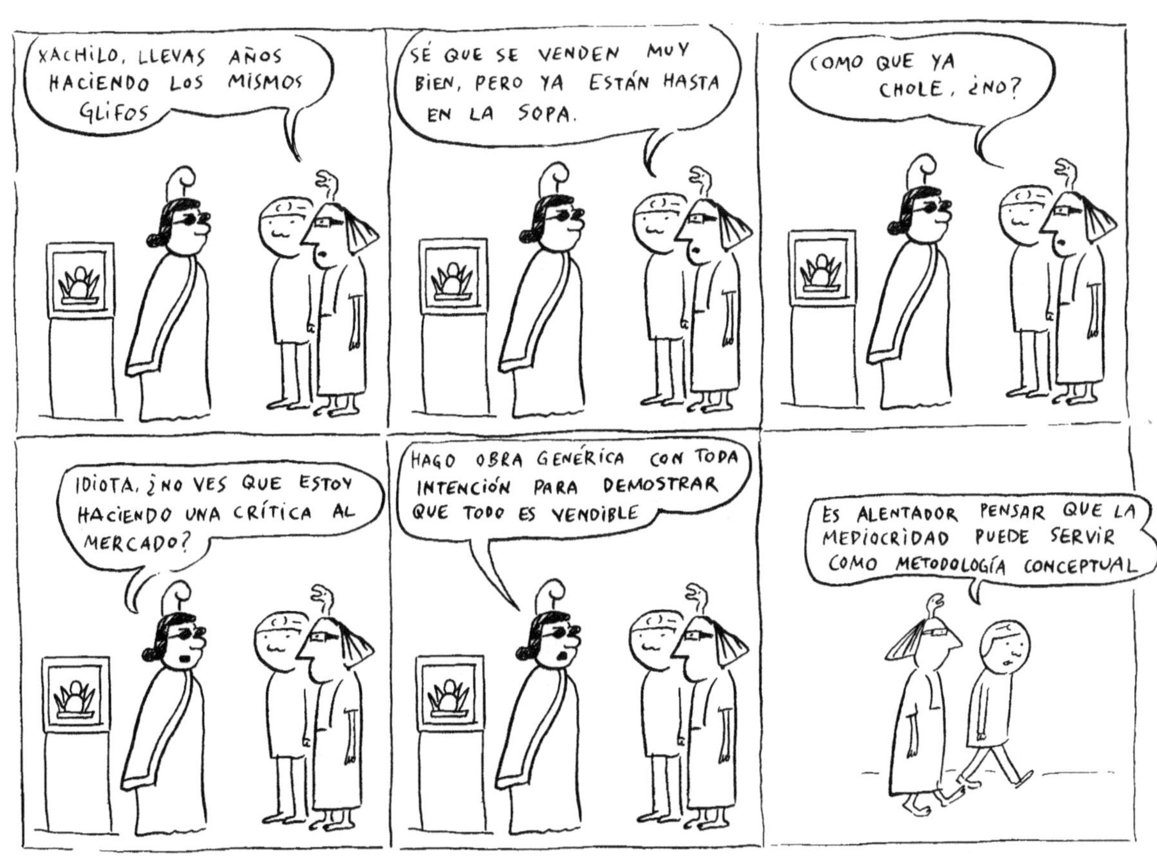
XACHILO, LLEVAS AÑOS HACIENDO LOS MISMOS GLIFOS
SÉ QUE SE VENDEN MUY BIEN, PERO YA ESTÁN HASTA EN LA SOPA.
COMO QUE YA CHOLE, ¿NO?
IDIOTA, ¿NO VES QUE ESTOY HACIENDO UNA CRÍTICA AL MERCADO?
HAGO OBRA GENÉRICA CON TODA INTENCIÓN PARA DEMOSTRAR QUE TODO ES VENDIBLE
ES ALENTADOR PENSAR QUE LA MEDIOCRIDAD PUEDE SERVIR COMO METODOLOGÍA CONCEPTUAL

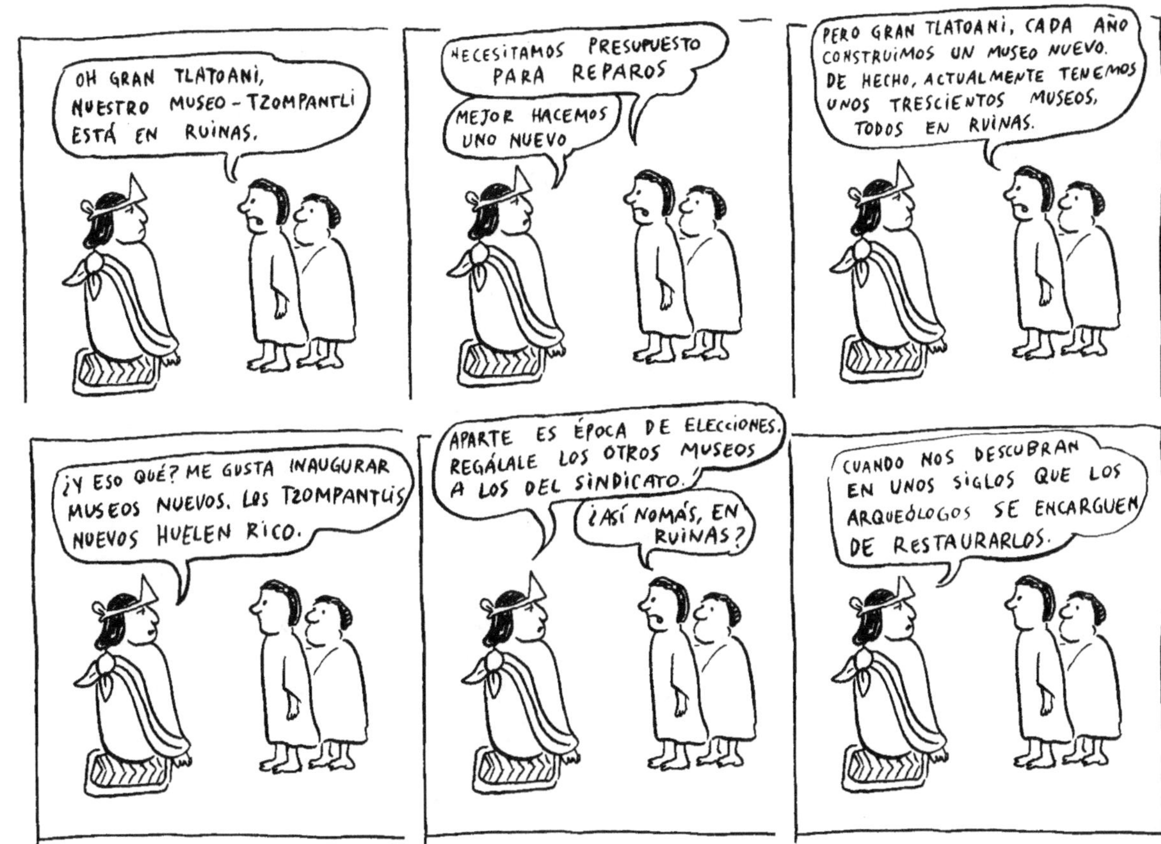
OH GRAN TLATOANI, NUESTRO MUSEO-TZOMPANTLI ESTÁ EN RUINAS.
NECESITAMOS PRESUPUESTO PARA REPAROS
MEJOR HACEMOS UNO NUEVO
PERO GRAN TLATOANI, CADA AÑO CONSTRUIMOS UN MUSEO NUEVO. DE HECHO, ACTUALMENTE TENEMOS UNOS TRESCIENTOS MUSEOS, TODOS EN RUINAS.
¿Y ESO QUÉ? ME GUSTA INAUGURAR MUSEOS NUEVOS. LOS TZOMPANTLIS NUEVOS HUELEN RICO.
APARTE ES ÉPOCA DE ELECCIONES. REGÁLALE LOS OTROS MUSEOS A LOS DEL SINDICATO.
¿ASÍ NOMÁS, EN RUINAS?
CUANDO NOS DESCUBRAN EN UNOS SIGLOS QUE LOS ARQUEÓLOGOS SE ENCARGUEN DE RESTAURARLOS.

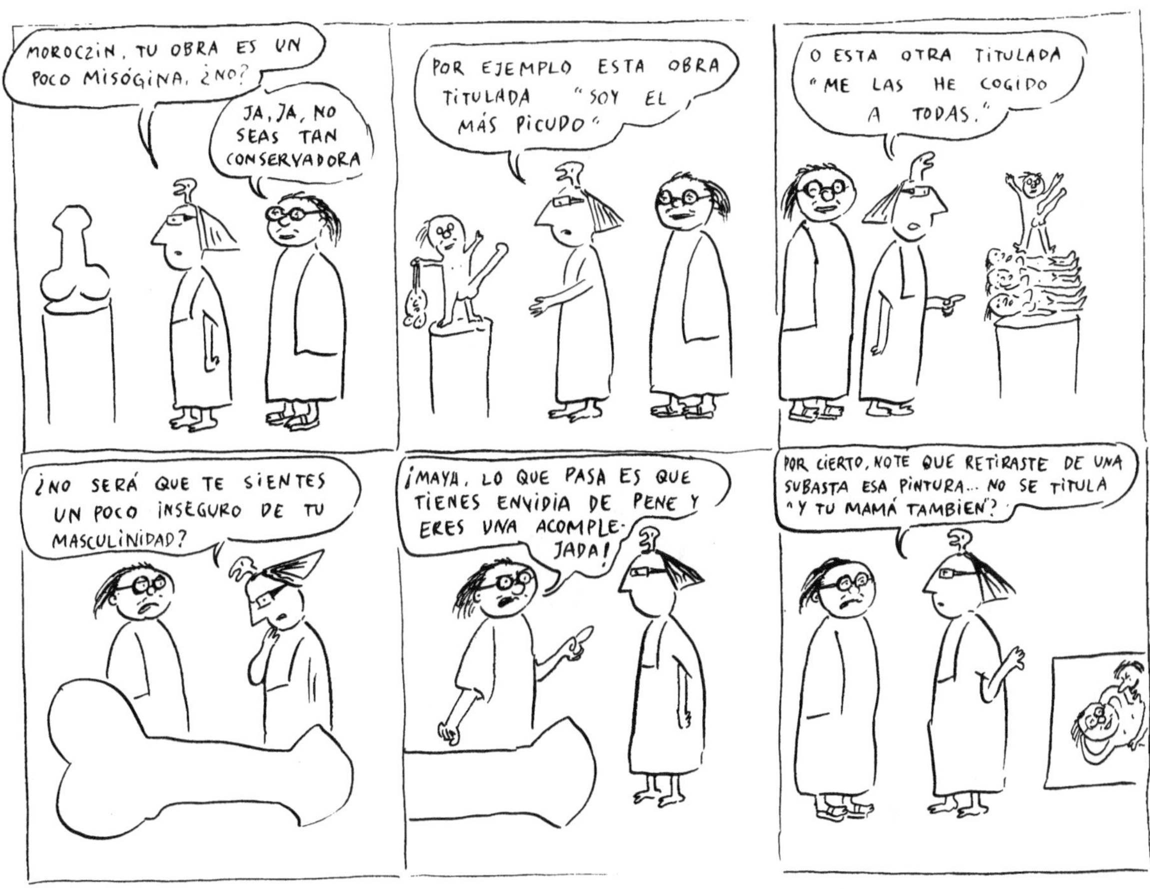
MOROCZIN, TU OBRA ES UN POCO MISÓGINA, ¿NO?
JA, JA, NO SEAS TAN CONSERVADORA
POR EJEMPLO ESTA OBRA TITULADA "SOY EL MÁS PICUDO"
O ESTA OTRA TITULADA "ME LAS HE COGIDO A TODAS."
¿NO SERÁ QUE TE SIENTES UN POCO INSEGURO DE TU MASCULINIDAD?
¡MAYA, LO QUE PASA ES QUE TIENES ENVIDIA DE PENE Y ERES UNA ACOMPLEJADA!
POR CIERTO, NOTE QUE RETIRASTE DE UNA SUBASTA ESA PINTURA... NO SE TITULA "Y TU MAMÁ TAMBIÉN"?

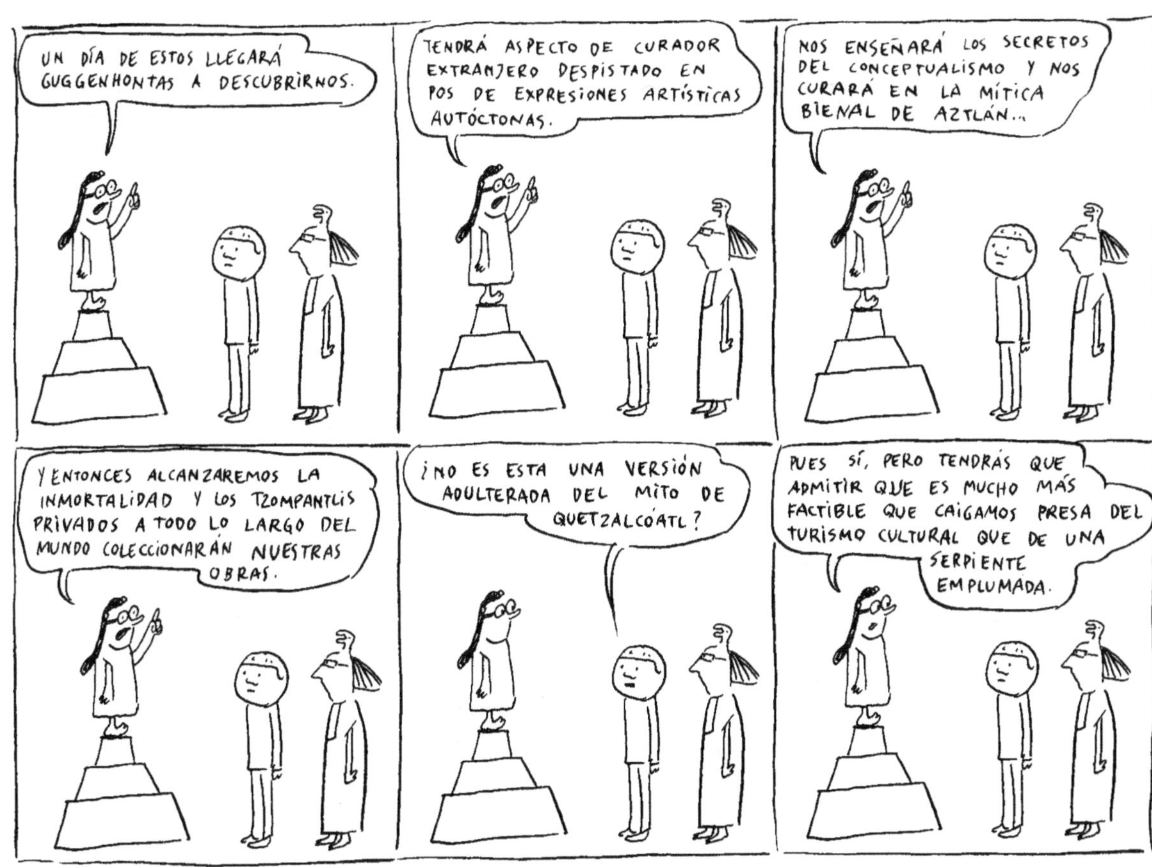
UN DÍA DE ESTOS LLEGARÁ GUGGENHONTAS A DESCUBRIRNOS.
TENDRÁ ASPECTO DE CURADOR EXTRANJERO DESPISTADO EN POS DE EXPRESIONES ARTÍSTICAS AUTÓCTONAS.
NOS ENSEÑARÁ LOS SECRETOS DEL CONCEPTUALISMO Y NOS CURARÁ EN LA MÍTICA BIENAL DE AZTLÁN...
Y ENTONCES ALCANZAREMOS LA INMORTALIDAD Y LOS TZOMPANTLIS PRIVADOS A TODO LO LARGO DEL MUNDO COLECCIONARÁN NUESTRAS OBRAS.
¿NO ES ESTA UNA VERSIÓN ADULTERADA DEL MITO DE QUETZALCÓATL?
PUES SÍ, PERO TENDRÁS QUE ADMITIR QUE ES MUCHO MÁS FACTIBLE QUE CAIGAMOS PRESA DEL TURISMO CULTURAL QUE DE UNA SERPIENTE EMPLUMADA.

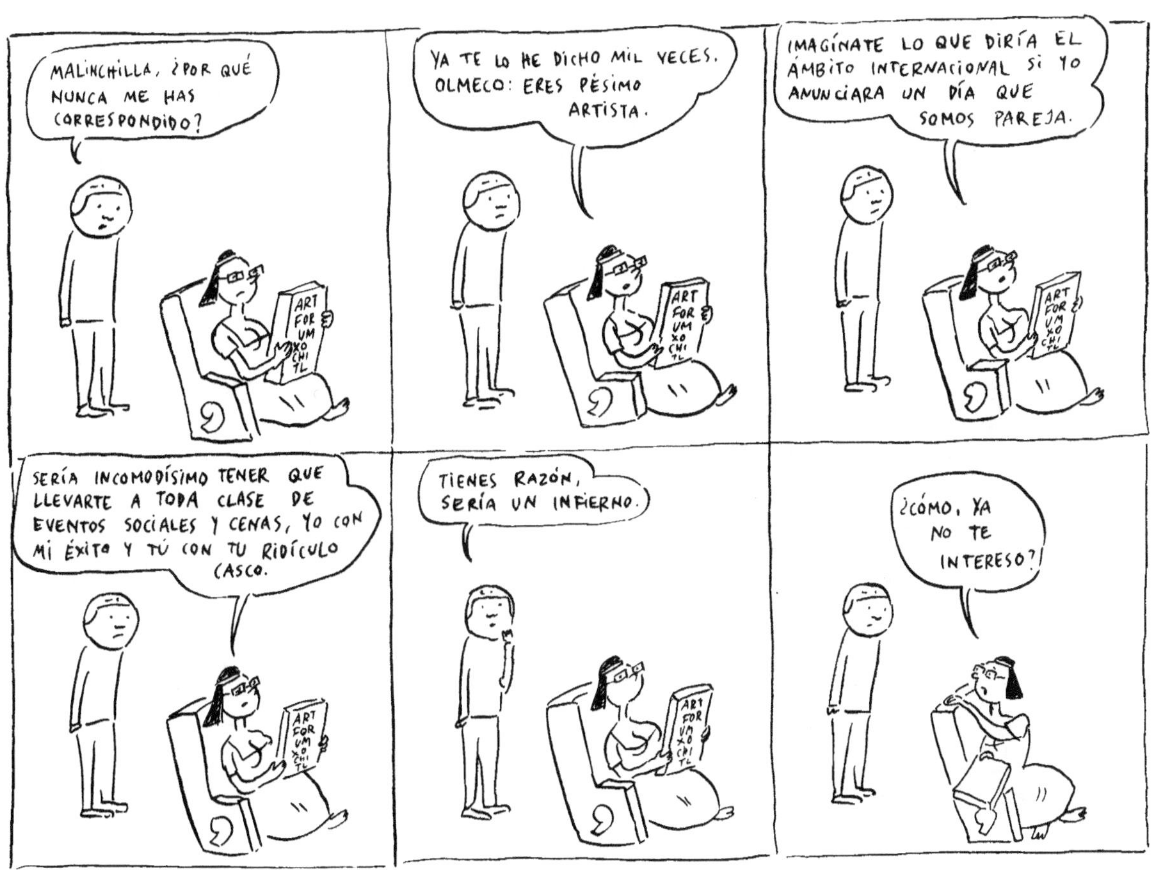
MALINCHILLA, ¿POR QUÉ NUNCA ME HAS CORRESPONDIDO?
ART FOR UM XO CHI TL
YA TE LO HE DICHO MIL VECES. OLMECO: ERES PÉSIMO ARTISTA.
IMAGÍNATE LO QUE DIRÍA EL ÁMBITO INTERNACIONAL SI YO ANUNCIARA UN DÍA QUE SOMOS PAREJA.
SERÍA INCOMODÍSIMO TENER QUE LLEVARTE A TODA CLASE DE EVENTOS SOCIALES Y CENAS, YO CON MI ÉXITO Y TÚ CON TU RIDÍCULO CASCO.
TIENES RAZÓN, SERÍA UN INFIERNO.
¿CÓMO, YA NO TE INTERESO?

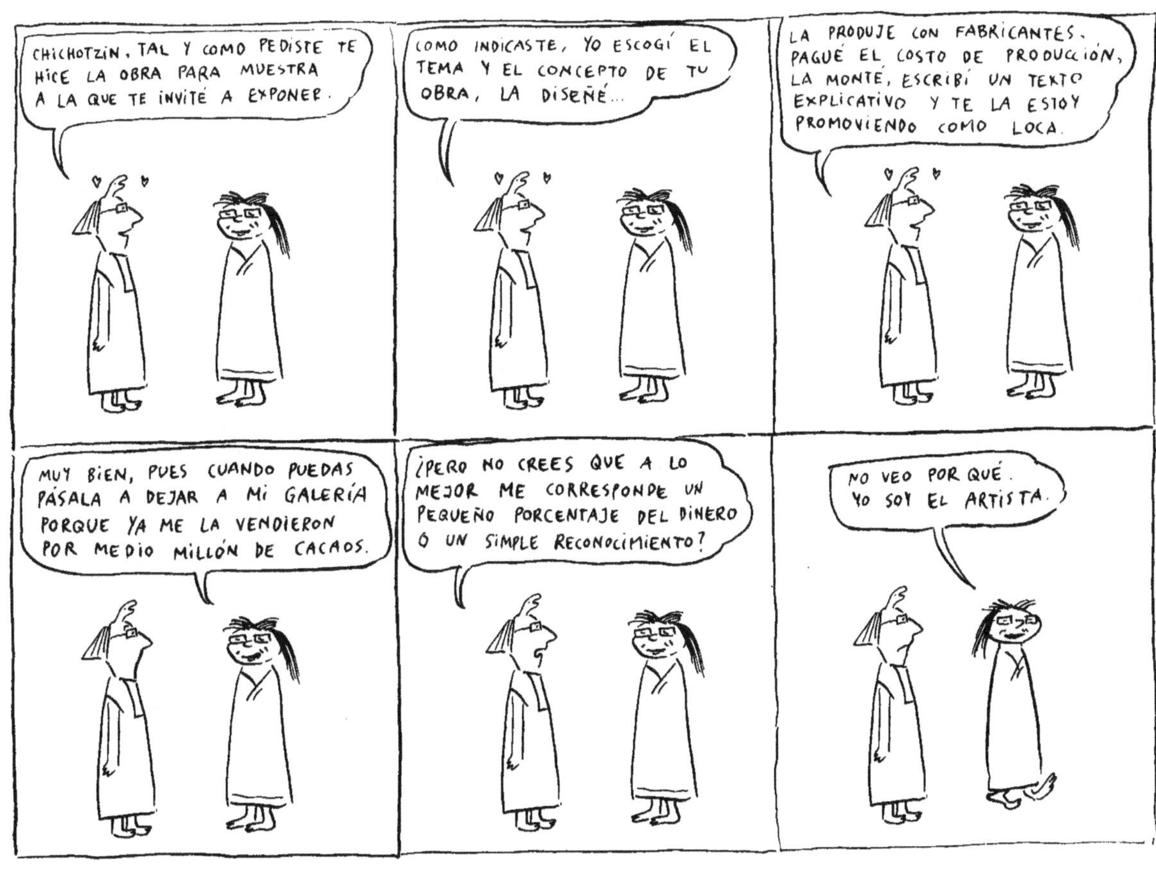
CHICHOTZIN, TAL Y COMO PEDISTE TE HICE LA OBRA PARA MUESTRA A LA QUE TE INVITÉ A EXPONER.
COMO INDICASTE, YO ESCOGÍ EL TEMA Y EL CONCEPTO DE TU OBRA, LA DISEÑÉ...
LA PRODUJE CON FABRICANTES. PAGUÉ EL COSTO DE PRODUCCIÓN, LA MONTÉ, ESCRIBÍ UN TEXTO EXPLICATIVO Y TE LA ESTOY PROMOVIENDO COMO LOCA.
MUY BIEN, PUES CUANDO PUEDAS PÁSALA A DEJAR A MI GALERÍA PORQUE YA ME LA VENDIERON POR MEDIO MILLÓN DE CACAOS.
¿PERO NO CREES QUE A LO MEJOR ME CORRESPONDE UN PEQUEÑO PORCENTAJE DEL DINERO O UN SIMPLE RECONOCIMIENTO?
NO VEO POR QUÉ. YO SOY EL ARTISTA.

Sobre el Autor

La obra de Pablo Helguera (ciudad de México, 1971), que se enfoca en temas relacionados a la historia, la sociología, la pedagogía, y la ficción, adopta formatos multidisciplinarios que han incluido la creación de un archivo fonográfico de lenguas en vías de extinción, la construcción de un teatro de la memoria, simposios teóricos poblados por actores sin conocimiento del público, un servicio de telegramas cantados, la implementación de un centro de investigación ambulante sobre la telenovela latinoamericana en el mundo, y la invención de catorce artistas ficticios, junto con su obra y bibliografía crítica. Sus primeras caricaturas aparecieron en México en la revista Pauta en 1987.

Su proyecto titulado *La escuela panamericana del desasosiego* (2003-2010) consistio en una escuela nomádica que viajó por tierra desde Anchorage hasta Tierra del fuego. Es autor de diez libros, que incluyen el *Manual de estilo del arte contemporáneo* (Tumbona Ediciones, 2005), la novela *El niño en la letra* (2008), *Las brujas de Tepoztlán (y otras operas inéditas)* (2007), *Artoons I* y *II* (2009), la antología de conferencias-performance *Theatrum Anatomicum* (2009) y la obra de teatro *The Juvenal Players* (2009), así como *What in the World* (2010), un libro de biografías de arqueólogos, todos estos títulos publicados por Jorge Pinto Books. Ha recibido las becas Guggenheim y Creative Capital. Actualmente es director de programación en el departamento de educación del Museo de arte moderno en Nueva York. Vive en Brooklyn con su esposa Dannielle, su hija Estela y su gata Ceniza.

www.ingramcontent.com/pod-product-compliance
Lightning Source LLC
LaVergne TN
LVHW080311110826
845155LV00023B/112
9781934978313